これからの病院経営を担う人材

医療経営士テキスト

病院ファイナンス

資金調達の手法と実務

中級【一般講座】

福永　肇

9

日本医療企画

はじめに

病院資金調達における「情報の非対称性」の解消

　本テキストでは病院の「資金調達」(finance) を勉強する。学習内容は民間病院における資金調達の考え方と資金調達手法の理解、メリット、デメリットの考察である。

　本テキストの読者層には、民間病院の理事長、病院長、事務長、管理部門スタッフなどの病院現場の役職員を想定し、執筆した。すなわち、金融関係のテキストを手にとるのはおそらく初めての方々へ、「病院の資金調達」の基礎から応用に至るまでをわかりやすく説明した。また医業コンサルタント、公認会計士、税理士の方々が資金調達を学ぶ教科書としても活用いただきたい。銀行でも病院宛融資検討の際には本書を参照してほしい。

　筆者は銀行本部の法人業務部にて病院取引推進を担当後、国際医療福祉大学に5年間派遣していただいた。国際医療福祉大学では学部や研究所での病院経営の教育・研究に加え、附属病院や関連病院、老健、特養、福祉施設、介護施設での多数の企画・運営・譲受を通じて大学や医療・福祉施設の経営を学ばせていただいた。銀行を退職したあと、藤田保健衛生大学(現・藤田医科大学)で8年間、その後、金城大学に移り4年目を迎えている。医学史、病院経営論、海外の病院経営を教えている。しかし、本テキストでの記載内容は、以上の銀行、大学病院とはまったく関係ない。すべて筆者個人の調査・研究からの結論と見解である。すなわち、内容の責任はすべて筆者個人にある。もちろん、業務上にて知り得た情報等の機密保持は担保している。

　借金は、しないに越したことはない。借金した資金を投資し使い切ったあと、[借入金＋支払利息]以上の事業運用利益が十分に見込めるのであれば心配はない。しかし、狭い診療圏にマーケットが限定される病院では、そのようなリターンが期待できる設備投資案件は多くない。一方、病院では設備拡張を利益剰余金ではなく借金にて賄おうと安易に考えてしまう傾向が見られないだろうか。

　病院の経営では、地域への医療提供と患者確保を目指した行動が暗黙に求められるようだ。それらは立派な病院建物、高額医療機器装備、医師、看護師拡充というベクトルを形成していく。やがて病院設備投資が決定され、資金調達の検討が始まる。そして業容拡大

を見込んだ病院の設備投資は、大きな借金という経営リスクを抱え込んでいく。

　医療には「情報の非対称性（asymmetric information）」があるといわれる。疾病・治療に関しては医師が圧倒的に多くの知識・情報を持っており、患者は医師の説明と処置に依存するしかない状況を指す。1963年にアメリカの経済学者アローが指摘した経済学での概念である*。

　金融の世界も金融マンと一般の人との間で「情報の非対称性」が指摘できよう。金融マンは高度な金融知識・最新情報を持つプロである。他方の一般の人には、おカネとは家庭や勤務先における身近な事柄であるが、金融の話となるとほとんど何もわからない。勉強意欲に駆られて書店でファイナンスの本を手に取ると、ギリシャ文字記号や高度な数式、難易な専門用語で紙面は埋め尽くされており、取り付く島もなく、途方に暮れてしまう。金融の世界は、一般の人とは隔絶された特殊な住人の世界のように見える。

　大学では経済学部に「金融論」、経営学大学院（MBAコース）に「ファイナンス論」、工学部に「金融工学」の講座がある。しかし、現実の“資金調達”は教えていない。“財務諸表の読み方”も“銀行取引”も“経営分析”も“資金繰り”も“倒産”も教えない。それらは金融実務であり、大学が教授するアカデミックではない。困ったことには、金融実務を教える学校も、教科書もなく、教師や講師もほとんどいないのである。金融マンは必要以上の話はしないという教育をされ、仕事での信条となっている。販売したい個別金融商品のプレゼンテーションを除くと、資金調達に関する知識・ノウハウを金融マンが進んで公開することは期待できない。そもそも最先端の金融技術、ノウハウは活字にされていない。活字になり汎用になった金融商品は利益率が高くなく、もはや金融マンはインセンティブを感じないものである。

　病院側は金融を知ろうとする努力を怠るため、「お金を借りるのに担保は必要か」「借入金利はどのように決まるのか」「二期連続して赤字であるが、設備投資借入は大丈夫か」といったごく基本的なことが誰もわからない。アドバイス役の医業コンサルタントや公認会

---

* 　Arrow, K.J.（1963）. *Uncertainy and the welfare economics of medical care*.（医療の不確実性と厚生経済学）. The American Economic Review 58, 1963, 941-973.

計士、税理士は、銀行の融資審査はもちろん、設備資金借入をした経験はなく、"資金調達"の実際は知りようもない。このような「情報の非対称性」では、病院は主体性を持って銀行に接することはとてもできない。すると病院が希望する資金調達はおぼつかない。

　本テキストでは、以上の病院資金調達における「情報の非対称性」の現状を鑑み、現実の病院の資金調達における基礎的な事項から解説をしている。金融の基礎用語、考え方は必ずマスターしなければ、銀行との会話ができない。病院はおカネの知識をもっと濃くしてほしい。

　以上、堅い「まえがき」になったが、「本文」は病院の役職員が、病院のおカネの知識と理解を深めていくために、わかりやすく丁寧に書いた。病院の資金調達に際しての座右の書として活用いただきたい。

福永　肇

目　次
contents

第4章 短期資金調達のポイント
—— 資金繰り管理と銀行借入の実務

第5章 長期資金調達のポイント

第1章

病院と資金調達

1 病院の特性と資金調達の必要性

1 病院の特性

　日本では、「病院」の開設において医療法に基づいて省令で定める、①「人員配置基準」、②「構造設備基準」を遵守する必要がある。患者がいるからといって、野戦病院的な病院をつくることは許されない。

　①「人員配置基準」は「労働集約型産業」、②「構造設備基準」は「設備先行投資型産業」という、病院産業の特性を決定づけている。

2 人員配置基準と構造設備基準

　病院は、敗戦後に医療法で「20人以上の患者を入院させるための施設を有するもの」と規定され、19人以下の患者を入院させる、または入院施設を有しない診療所とは区分されている（なお、hospitalやclinicの定義や基準は国ごとに違う）*。

　日本の病院では、（入院専用）病床1人に入院患者は1人、という暗黙の前提がある（アジアには1つの病床に2人の患者が斜交いにベッド上に、1人の患者がベッド下に入院している国立病院もある）。したがって、日本における病院とは、20病床以上を保有している施設を指している。「病床数」とは病院の入院専用ベッドの数を指し、宿泊をしない外来診察室や処置室、ER（Emergency Room：救急室）、手術室、回復室、透析室、人間ドックにあるベッドやストレッチャーなどは含まない。

(1)病院の構造

　病院の病室はどの部屋も同じように見えるが、内部は「病棟」（ward）によって区分されている。病棟とは数床から50床くらいまでの病床の群を指しており、法的・学問的な定義はないが、日常の病院業務で使用する用語である（病棟は、広義の用法にて病院の病室のある建物全体を指す場合もある）。入院担当の看護師の勤務部署は病棟単位になっており、病棟看護師長が担当の病棟を管轄する。

　病状の似た患者を集めて1つの病棟とし、各種の病棟が集まって1つの病院が形成されるという考え方である。

■（2）病床区分と病床面積

　病棟の構成要素の「病床」は、日本では医療法によって①一般病床、②療養病床、③精神病床、④感染症病床、⑤結核病床の５種別に区分される。

　５つの病床種別ごとに「人員配置基準」（医師・看護職員・薬剤師等の人数）、「構造設備基準」（必置施設・病床面積・廊下幅等）が決められており、病院はそれらの基準を守らなければならない。

　病床面積とは１床当たりの病室面積（内法測定）を指し、１ベッドの面積ではない（ベッド自体の大きさは決められていない）。１病室内のベッド数や天井の高さ、窓の面積ではなく、病床面積と廊下幅に基準が定められていることが病院独特といえる。

3　資金の必要性

　以上のように、病院は、開院に先行して「構造設備基準」を満たした建物や設備を整備し、「人員配置基準」を満たすスタッフを雇用しておかなければならず、多額の資金が必要である。

　ところが、医業収益が入ってくるのは開院後に患者への診療・治療を始めてからになる。また開院直後は外来・入院ともに患者数は少なく、キャッシュも収入よりも支出のほうが多い状況がしばらく続く。また、その後も設備拡張などのニーズが発生し、病院ではたびたび資金調達の必要が出てくる。

　株式による資金調達がシステムとして欠落している日本の病院では、資金調達の基本は利益剰余金と借金の２つになる。本テキストでは、病院における資金調達の考え方、方法、知識について学ぶ。

＊　1933（昭和8）年の診療所取締規則制定以降は10床以上が病院であったが、1948（昭和23）年の医療法制定により病院は20床以上となった。日本の保健・医療の近代化を進める連合国軍最高司令官総司令部（GHQ）が、設備が不十分だった当時の小規模病院を嫌ったからだといわれている。なお、病院が患者の「収容施設」から「入院させるための施設」に変わったのは、2001（平成13）年の第4次医療法改正以降である。

「病院」の定義はアメリカでは5床以上（州によって違う）、台湾は9床以上、韓国では30床以上である。フランスで病院は公立の総合病院を意味する言葉で、私立病院や個人立病院はクリニックと呼ばれている。医療の統計では国別データの比較が頻繁になされる。しかし、国によって「病院」や「病床」、「介護施設」等の定義自体が違うため、国際比較を行う場合には慎重な注意を払う必要がある。厚生労働省「平成30（2018）年医療施設（動態）調査・病院報告の概況」によれば、日本の病院では100床未満が約35％を占めている（2018年で35.6％）。アメリカや韓国では100床未満の病院は数自体が少ない。規模の分布・ばらつきを考慮せずに「病院」というワンワードで単純比較するのは冒険ともいえるが、そういう分析報告が非常に多い。医療の国際比較において、誤った解釈や結論付けをしないための重要な点といえる。

② 銀行から見た病院の特性①
ポジティブな面

　銀行の取引は個人から外国政府に至るまで幅広く、融資先も国内外のさまざまな産業分野に広がっている。

　本節と次節では、銀行サイドから見た病院業界や病院経営の特徴を、ポジティブな面とネガティブな面に分けて見ていく。病院にとっては厳しい話もあるが、病院内とは違った見方や判断があるということも、冷静に理解しておくことは大切である。

1　経営環境が安定している

　病院は、診療圏という半径数キロメートル〜数十キロメートルの小さなマーケットを商圏としている地場中小企業ともいえる。診療圏にいるのは特定の医療機関と一定数の患者である。患者は通常、他の診療圏には行かないし、二次医療圏の病床数を調整する地域医療計画やギルド的性格を持つ地区医師会が存在するため、医療機関の新規参入の障壁は高い。地域医療連携の時代ではあるが、診療圏内に存在する医療機関同士が双方を医療連携仲間と捉えるのか、競合ライバルと把握するのかによって経営判断や行動には大きな差異が生じる。

　このように、病院は需給ともに閉鎖的・固定的でマーケットが成熟・安定した経営環境にある。特に地方の町ではその傾向が強く、独占的市場、または寡占市場といえる（逆にいえば、進取の気風が育つ土壌ではない）。

2　需給変動が小さく、価格競争が生まれない

　病院は自分たちで医療サービスの価格を考えることが皆目なく、病院間に価格競争は生まれない（差額ベッド代、健康診断料金等を除く）。競合病院が技術革新、新製品発売、新経営手法導入をするという脅威もない。

　診療圏内の医療サービスの需給量も、年間を通じて特に大きな季節変動はない。景気変動にも大きな影響を受けない。したがって、一般企業と比較し、病院の需要予測は容易く、予測のブレも少ない（ただし、診療報酬改定では大きな影響を受ける）。

　新型コロナウイルス感染症（COVID-19）という国家的危機を除けば、病院のマーケット

は極めて平穏で安定しているといえる。

3 経営戦略の責任を負わない

　先進国、発展途上国ともに海外への進出や海外からの参入、海外病院との競合なども通常は考えられない。海外の医療動向や医療サービス価格が病院に影響を与えることもない。株式相場、外国為替相場、商品相場の変動は病院に影響を与えない。病院経営は閉鎖経済で考えて問題はない。

　厚生労働省が経営に対する環境調査分析・病院の在り方・経営の方向性を示してくれるため、病院自身で価格戦略やマーケティングの企画・立案をする必要もない。病院経営が悪化した場合には医療行政や医療制度、診療報酬が悪いとされ、多くの場合、個別の病院経営陣は責任を問われない。

　ただし、診療圏内の医療サービス需給については、個別の病院の判断となる。他の医療機関の動きも勘案した診療圏内での提供サービス量決定と、それに対する設備投資と人員配置、資金調達については病院自身の責任とされる。その場合でも、経営者を引責するシステムは病院にはない。

4 業績変化が緩やか

　個別の病院の業績変化が緩やかなことも、病院業界の大きな特徴といえる。病院の業績はよくなるときには経年を通じて除々に除々によくなっていくが、反対に悪くなるときも経年を通じて除々に除々に悪くなっていく。

　企業のように製品や商品がヒットして売上が倍増するとか、反対に資金繰りや販売不調による突然の倒産といったドラスティックな経営の変化は、病院では発生しない（換言すると病院は、経営環境の地盤沈下に伴い"ぬるま湯の蛙"状態で経営悪化していくので、業績悪化トレンドに入ると病院経営は失速し危機的ともいえる）。

3 銀行から見た病院の特性② ネガティブな面

1　経営面で脆弱

　病院をビジネスの視点から見ると、経営面における脆弱な点が目立つ。

　財務諸表（決算書）が読めない理事長や病院長がいる病院もある。経営者が経営数字に疎いということに対して銀行は極めて強い不安感を持つ。銀行にとって、財務諸表は病院経営の通信簿であり、理事長の成績表である。医業収益が病院規模を、医業利益が病院の実力を示している。理事長がどのような病院経営をしてきたかが財務諸表に集約される。経営知識（ビジネス慣習・法律・銀行取引など）や経験を持っていない理事長や病院長が、医師の良心を頼りに勘で経営していることも多く、極めて危ない。補佐する副院長・看護部長・医長等にも、経営や財務に明るい人材が見当たらないことが多い。

　また、独立した「人事部」「企画部」「調査部」「財務部」「広報部」「監査部」「事務管理部」「総務部」「法務部」が設置されていない病院も多く、そういった管理機能を事務部長一人が担っている病院もある。病院内を横断的かつ総合的にマネジメントする機能がないのである。頭の部分がなく、職員全員が手足となって、医療現場で自分の守備範囲の仕事をしている。

　病院は労働集約型産業といわれ、典型的なヒトの集まりの組織であるのに、医長や看護師長などの管理職の中には労働法の知識を持っていない人もおり、コンプライアンス（法令遵守）上深刻である。

　勤務医の病院離脱、看護師退職率の高さ、外科医・救急医・産科医等の多忙と過労という病院界や医療界が抱える課題は、銀行や産業界から見れば、労働関係法遵守と人的資源管理（人事管理、労務管理）に対するマネジメント能力の欠如と映る。

　病院は知的集約的ともいわれ、多くの職員が国家資格を持って職務に従事している。しかし、その半面、職員は自分の専門分野以外には興味・関心を示さない資格職特有の視野狭窄や意識・行動の限界というネガティブな面も併せ持つ。また、医師以外の医療従事者では学卒者が少ない。大学の看護学部は最も遅れて登場した。大学進学率が54.7％（2019年）の今日の日本において、学卒の看護師やメディカルスタッフが最近ようやく増加してきた段階である。このような環境では経営管理能力の育成は概して難しい。

2 　労働生産性が低い

　病院は労働集約的であり、医業収益（＝売上高）の約半分が人件費となっている。「人件費率50%」とは、病院従業員は年収の２倍しか売上を計上していないということである。年収の２倍の利益ではなく２倍の売上である。このことは、病院業界の労働生産性の悪さを意味する。

　労働生産性の低い産業に迅速な発展を期待するのは無理がある。しかし、病院が作成する事業計画は順調な成長過程を描いている。従事者の平均年齢の経年上昇による定期昇給や人員増、ベースアップ（ベア）などによる総額人件費の上昇が年４％であるとすれば、５年間で$(1.04)^5 = 1.22$になる。すなわち、現在、医業収益の５割を占めている人件費の金額は５年後には1.22倍になり、大きなマイナス要因として経営に響くことになる。

3 　病院に内包する人件費増加構造

　企業では最新設備機器を導入すると省力化によって労働依存率を下げるが、病院ではCT、MRI、PET等の最新医療機器の導入により技師スタッフ数が増加してしまう。７：１看護配置基準等の手厚い人員体制を採用すれば、入院基本料も増加するが、人員と人件費の増加を伴う。医師を１人雇用すれば、年間平均で約１億2,000万円くらいの医業収益を上げるが、スタッフも（医師含め）約10人の増加となり、人件費は5,000万円以上増える。このように病院は、医療の質や量を向上させるために新しい医療機器やメディカルスタッフを増加させると、人件費も増大していくという構造を内包している。徐々に増える人件費とは別に、永年勤続の退職者がまとまって発生した年には億単位で発生する退職金が経営を揺るがす場合もある。

4 　多額の設備投資が必要

　病院は資本集約的で設備投資先行型である。開院に先立って、まず建物設備が必要となる。業務開始前に、すでに多額の借金を抱えた状況となっている。

　開院後も、日本のCT、MRI保有台数の多さに象徴されるように、病院は施設や設備の充実、特に最新医療機器をフルラインで揃えようとの行動に出る。保有医療機器への広告規制がないこともあり、病院のパンフレットは最新医療機器の写真で埋め尽くされる。これらの設備が供給コストを引き上げている。当然、設備には投資資金が必要となり、内部資金が充分でないことから借金（またはリース）で賄うことになる。「まず設備投資ありき」の経営方針は、産業界では特殊な業態といえる。

5　医業収益が小さい

　病院の医業収益(＝売上高)の水準は、企業対比において低い。

　外来数や病床機能によって相違するが、医業収益はおおよその数字で、医師1人当たり年間約1億2,000万円である。病院内で収益を計上するのは基本的には医師だけであり、医師数は従事者数の約1割であることから、従事者1人当たりの収益は1,200万円となる。すなわち従業員1人が平均で年間1,200万円(月間100万円)の収益しか計上できず、その50％の600万円(月間50万円)が平均の人件費となる。こうした数字を見ても、病院は人の効率性がよい産業とはいえない。

　医師が30人(従業員300人)いる300床の大病院でも、医業収益は年間40億円くらいであり、これは企業の年間売上高(年商)と比べると格段に低い。病院は人が多い労働集約型との結論になる。

6　業界全体の把握が困難

　医療制度は、一般人には複雑である。医療法改正や診療報酬・介護報酬等の改定が頻繁に行われる。通達等による医療行政が病院経営に大きな影響を与える。しかし、外部者である銀行にはこれらの詳細がよくわからない。銀行はわからないこと、理解が難しいことには融資を行わない。

　病院の事業主体はさまざまで「病院はなんでもあり」といえる。法律上は24に区分でき、国から自治体、各種連合会、企業、医療法人、個人、宗教法人、学校法人、組合、防衛庁……等、病院開設者には、ほぼすべての組織業態がある。こういう業界は他にはない。

　個々の病院が求める目的や求められている機能も違うし、事業主体ごとに準拠法、税制、会計基準もそれぞれ相違する。例えば、国公立病院は非課税であるが、国公立病院と同じ診療圏内にある医療法人は納税している。民間病院であっても日赤や済生会、厚生連は非課税である。収益サイドの診療価格は統一なのに、費用サイドの税制面では、病院によってあまりに経営環境が違う。国公立病院は医業利益の赤字が発生しても補填されるし補助金もある。しかし、民間病院の経営結果は自己責任で誰も赤字補填をしてくれない。

　こういう事情からさまざまな事業主体からなる病院を業界として一般化して把握や理解することは不可能となり、銀行は個別での融資検討となり、慎重に審議を行うことになる。

7　担保・見返りが小さい

　病院は市街化調整区域に建っていることが多い。市街化調整区域は、銀行の担保評価の対象外であり、担保設定は行っても担保の評価はしない。すなわち、市街化調整区域は評

価ゼロではなく評価以前の段階である（第5章第4節参照）。

　独立行政法人福祉医療機構（Welfare And Medical Service Agency：WAM）*1は原則として担保に第1順位の抵当権を設定する。そのため、福祉医療機構と銀行の両方が融資を行う場合には銀行の抵当権が後順位になり、銀行にとっては病院の担保・見返り面は脆弱となる（第6章第4節参照）。

8　「赤字が当たり前」の風潮

　「医療法人は、剰余金の配当をしてはならない（医療法第54条）」という法律があるが、これが「病院は非営利だから利益を出すことはいけない、儲けることは罪悪である」という意見にすり替わる。

　非営利団体であったとしても利益を出さなくて、どのように借金を返済していくのか、翌期以降の病院の人材の質と量の増強や設備改善はどうしていくのか、銀行としては理解に苦しむ。「よい医療提供や医療の質の向上には金がかかる。それゆえに病院は赤字であってもおかしくない」「5事業（救急医療、災害医療、へき地医療、周産期医療、小児医療）を行っているので赤字となるのが当たり前」との説明でよいのか。

　銀行も自己査定の関係や株主への責任から、赤字の病院への融資はできない。地域住民に対してよい医療をしている病院であっても、「残念ながら融資は無理です」との結論になる。

9　他産業と比べ、融資希望額が大きい

　医業収益（＝売上高）対比の融資希望金額が大きい。すなわち病院が希望する資金額が業容対比で大きい。

　また、医業収益に対する（新規借入希望額と既存借入残高を合算した）借入残高比率が高い。一般企業では借入残高は通常、年間売上高（年商）の3割以内であるが、病院の場合には医業収益の5割に達する場合も見られる。

　大きな借入額を希望しても、ふつうは返済ができない。ところが病院は、返済期間を通常の5、6年ではなく20年程度を希望する*2ので、計算上は毎年の返済額が少なくなり、辻褄は合う。

　しかし、超長期の借入が許容されても、それでは借入残高がなかなか減少しない。借入残高が減少しないので支払い利息額も長期間高止まりし、本来、利益蓄積に回すべき資金

*1　独立行政法人福祉医療機構
　　社会福祉事業施設、病院、診療所等の設置等に必要な資金の融資、経営指導、社会福祉事業に必要な助成等の事業を行う厚生労働省所管の独立行政法人（詳しくは第6章参照）。
*2　病院の希望融資期間が10年を超えた場合、銀行としては10年超の融資は自己査定上での資産保有としても難物であり、例えば5年ごと見直しのバルーン返済方式での対応となる。この点については第5章第2節で詳しく見ていく。

を病院は利息支払いにつぎ込んでいくことになる。大きな設備投資をしたあとの病院は、借入金の元金返済と利息支払いで精一杯となり、さらに設備投資後は減価償却額も大きく費用が嵩み、新規事業展開への余力は出てこない傾向がある。

病院の財務の特性
――本テキストで資金調達を学んでいくときの前提

1 病院経営の基本ステップ

病院経営を教科書的に説明すると、以下のようになる。

①損益計算書での医業収益(＝売上高)を増やして医業費用を抑え、医業利益を計上する。

②損益計算書の税引き後利益は前期繰越金として翌期の貸借対照表の純資産の部に移行し、利益剰余金として純資産(自己資本)を増加させる。

③病院は出資者への配当を行ってはならず、役員の報酬等を支払ったあとの利益はすべて自己資本に充当できる(法は病院に利益を確保してくれる)。自己資本を積み増し、今後の人材の質・量の拡充と病院設備投資に充当する。

このように自己資本を拡充できる仕組みがビルトインされていることが、病院経営の大きな特徴である。

2 病院経営の現状

病院経営では、現実として税引き後利益が少なく医業収益の数パーセントしかない。そして、その税引き後利益(と減価償却費)のほとんどすべては設備投資のときに借りた長期借入金の元本返済に充てている。残余はほとんどなく翌期の事業拡充への資金手当がつかない。赤字の病院では事態はさらに悪化する。現実には病院事業の成果(税引き後利益)で自己資本(＝純資産)を充実させ、事業を拡充していくのは難しいといえる。

自己資本の増加には、税引き後利益以外に、出資金の増資と寄附という方法がある。しかし、配当を行わない病院に出資しようという篤志家は稀有であるし、既存出資者も第三者を加えた増資によって自分の出資持分比率を下げたくない。出資持分には医療法人創立以降の含み益が蓄積している。したがって増資は期待できない*。寄附については、例えば権威ある表彰や勲章などの名誉授与の手段がなければ現実問題として難しいと考えられている。

---

* 複数の医療法人を内包する病院グループにおいては、ある医療法人から「持分のない」他の医療法人に寄附行為が行われている。ただし、都度、管轄都道府県医務当局での事前確認は必要。

　以上のように、税引き後利益の大半が長期借入金の元本返済に充てられ、増資も実質上不可能であることから、病院の自己資本形成は脆弱である。資金調達の視点に限定すれば、病院の自己資本が貧弱なことは、株式による資金調達手段が与えられていない病院システムの構造的問題といえる。

3　病院の資金調達方法

■（1）借入先

　病院は純資産における利益剰余金の蓄積状況とはかかわりなく設備投資が必要となる。前述の通り自己資本に頼れない病院は、銀行借入または病院債発行という借金を検討することになる。しかし、非上場の企業（病院）の無格付・無保証の病院債を心よく購入する人は稀有であろう。結果的に、病院の資金調達は民間銀行と福祉医療機構からの借入で賄うことになる。

■（2）借入方法

　病院の長期資金の新規借入希望額を既存借入と合算すると、医業収益（売上高）の３割以上になるケースも出てくる。すると、長期資金の返済原資である「税引き後利益＋減価償却費」では企業のように５～６年で設備投資の借入返済をすることが不可能となる。そこで、病院は返済期間を長くすることで調整をしたく、銀行に借入期間10年超の超長期の借入を申し出る。

　長期貸付の銀行審査は病院が提出した設備投資事業計画書（兼借入金返済計画書）で判断される。銀行は病院作成の事業計画書の実行可能性を判断し、自己査定等での評価を行う。しかし、金融市場には超長期資金のマーケットがないことから、病院が希望する超長期の融資はそもそも難しい。

　その結果、銀行からの長期資金の借入は、例えば「融資期間は５年間で約弁付き。５年後の借入残高は期限一括返済のバルーン返済方式（５年後の継続については５年後に改めて検討する）」との結論に落ち着く。５年後に見直しが再度行われることになり、病院経営が悪化していると継続融資は難しくなる。また借入金利は５年後に仕切り直しになる。

　以上の見解を基盤として、第２章以降で病院の資金調達方法を詳しく見ていく。

問題 1 病院と資金調達について、次の選択肢のうち誤っているものを１つ選べ。

[選択肢]

①医療法における病床区分は、一般病床、療養病床、精神病床、感染症病床、結核病床の５種類である。

②病院は医療専門職による知的集約サービスを行っており、労働生産性は高い。

③病院は市街化調整区域に建っていることが多いが、市街化調整区域は銀行の担保評価の対象外であり、担保設定は行ったとしても担保評価はしない。

④５事業とは、救急医療、災害医療、へき地医療、周産期医療、小児医療のことである。

⑤医療法では、医療法人は剰余金の配当をしてはならないと定めている。

解答1　②

解説1

①○：選択肢の通り。

②×：病院は知的集約的であるが労働集約的でもあり、人件費が収益の半分以上を占める。労働生産性は高くない。

③○：選択肢の通り。

④○：選択肢の通り。

⑤○：選択肢の通り。

第2章

病院の資金調達における6つの検討項目

資金調達の検討項目①
調達可能金額

　病院が資金調達を検討する際に大切なことは、金額と金利だけではない。

　資金調達において、病院経営の観点から検討すべき事項は、①調達可能金額、②調達条件、③オール・イン・コスト、④資金調達の難易度や調達までの必要時間、⑤病院経営権への影響度、⑥資金調達の取引継続性・安定性──の6項目である。

　本章では、上記6項目について解説していく。

1　事業計画前に予測を立てる

　病院設備の投資事業計画では、経営資源である「ヒト」「モノ」「カネ」の3項目について検討を行う。投資事業の遂行過程でヒトを雇い、モノを購入する。それらに払うカネをどう調達するかという課題は当然、重要である。

　事業計画の企画・立案に際しては、自院がどのような方法で、いつ、どこから、どの程度の金額を調達できるかを事前に把握しておく必要がある。必要資金量が確保できなければ、描いたプランは画餅になる。また病院が、必要な資金を必要なときに確実に確保できることも重要である。

　日常から、銀行員と会話し、経済新聞・雑誌を読み、病院経営雑誌に掲載された他病院の建築例などを見て、例えば「200床の病院の場合、現在の建設市場では建物の建築費用だけでA億円、当院希望の設備を加算するとB億円は必要。一方、銀行での借入金額は当院クラスではC億円程度までは可能性がありそうだ。それ以上は困難そうである。しかし、税引き前利益が赤字だと銀行からの借入は難しいらしい……」といった現代社会での経済感覚を身につけておく必要がある。

2　調達可能金額の目安

　制度やスキームから、調達金額に上限のある資金調達もあるので、事業計画立案に際しては押さえておく。

　例えば福祉医療機構の医療貸付事業では、7億2,000万円が上限となっている（例外あり）。診療報酬債権流動化でCP[*1]を発行する場合では、例えば月間取組可能な金額は［月

間医業収益×8割(診療報酬平均請求割合)×8割(掛目)](月間医業収益の64%)が上限であろう。取組残高ベースではその2.5倍である。月間医業収益の1.6倍(月間医業収益×8割×8割×2.5倍)程度の金額では設備投資には不十分となる。

　また、民間銀行や医療福祉機構では一病院や一法人での貸付残高上限に加え、法人名は違っていても同系列の病院グループ合算の貸付残高に対して上限を設ける場合があることも覚えておきたい。

　相応の規模のある民間病院グループで担保がある場合で、グループ合算で想定しうる最大限の資金調達額は、福祉医療機構から30億円、主要取引銀行から20億円、その他銀行から数億円で合計50億円強が常識的な数字と想定される。

3 　返済方法

▌(1)返済計画の例

　病院の機能や規模、事業主によって大きく相違するが、仮に50億円強の資金と土地があると、300床程度の病棟建築＋設備を整備できるとする。資金50億円を借金で調達した場合には、(返済期間と金利で変化するが)毎年数億円から十数億円ほどの元金返済と数億円の借入利息支払いが必要になる。

　長期借入の元金返済は、計算上は「税引き後利益＋減価償却費」で行う。ここで、必要な税引き後利益を捻出するための税引き前利益、その税引き前利益を出すための医業利益、そして医業収益はいくらなのかを逆算してみる。

　300床クラスの急性期病院の医業収益は年間50億円前後であろう。借入50億円で金利が2％とすると、借入残高の減っていない初年度は借入利息を1億円払う。病院の業績が順調で医業収益が50億円、売上高利益率を3％とすると税引き前利益は1億5,000万円、税引き後は1億円である。50億円の施設の毎年の減価償却費を39年の定額法[2]とすると、1億2,821万円(＝50億円/39年)。すると「税引き後利益＋減価償却費」、すなわち返済可能最大額は2億2,821万円になる。2億2,821万円で50億円の元本を返すのには22年かかる。しかも仮定に使った税引き前利益1億5,000万円は借入利息1億円を支払ったあとの金額である。初年度には借入利息支払い前では2億5,000万円の利益計上が必要になる。

---

[1]　CP(Commercial Paper：コマーシャルペーパー)
　　　優良企業やSPC(Special Purpose Company：特別目的会社)が発行する無担保短期の約束手形。機関投資家が購入する(詳しくは第10章4節参照)。
[2]　減価償却の計算方法には「定額法」と「定率法」の2種類がある。定額法では毎年同額の償却費を計上する(定額法の減価償却費＝取得価格×定額法の償却率)。建物本体については定額法が適用される。「定率法」は年が経過するにつれて償却額が減少する(定率法の減価償却費＝期首残存価×定率法の償却法)。

▌(2)返済額の設定

　このような見方をすると、民間病院では50億円以上の設備投資は返済面から相当厳しいとの結論になる。ただし、以上の数字は仮定であり、そもそも医業収益と同額の借入は銀行が絶対に貸さない。元利返済に1％の不安があれば、銀行は融資をしないものである。

　幸い、民間には大規模病院が少なく、50億円もの資金調達を必要とする病院は少ないが、自分の病院で調達可能な金額を把握しておくことは病院経営を考えていくうえで必要である。

　また病院は、事業計画における返済額を（既存借入返済を加えて）「税引き後利益＋減価償却費」の合計額とイコールにする傾向がある。それは"借入後の病院は借金の元本返済以外何もしない"という意味である。銀行の融資審査に合格するために、利益はすべて借金返済に充てて、今後の人員増も医療機器更新も施設改修も行わないという事業計画は非現実的である。しかし、実際には借金の元本返済以外は何もしない病院事業計画書は多く見られる。

　そのような余裕のない返済計画では、もしも事業計画通りの税引き後利益が上がらない場合には、たちまち資金繰りに窮する。

　資金調達の教科書には「税引き後利益＋減価償却費」で返済すると書かれているが、現実の返済金額は「税引き後利益＋減価償却費」よりも相当低い額に抑えておかなければ、経営は借入直後から資金逼迫状況になる。

　銀行が病院に融資した時点では、病院は借りすぎてはいない。銀行は過去の決算数字と将来の事業計画の実現可能性から案件を審議し、返済可能と判断して融資を実行している。融資審査で使用する設備投資借入の返済資金は、病院が作成した事業計画書の「税引き後利益＋減価償却費」である。この段階では病院は借りすぎではない。ところが、設備投資後に事業計画通りの税引き後利益を計上できなければ、病院は債務超過になっていく。事業計画書の「税引き後利益」は決して銀行の融資を引き出すために作った数値であってはならず、病院の存続が賭かっている重要な数字であるとの認識が必要である。

2 資金調達の検討項目② 調達条件

　病院の資金調達では、調達金額とともに調達条件の検討が必要である。銀行借入では調達条件のことを「貸付条件（病院を主語にすれば借入条件）」、債券の場合では「発行条件」という。

　検討すべき調達条件は、①借入期間、②返済方法、③金利、④借入目的、⑤担保・見返り・保証人——の5つである。

1 借入期間

（1）福祉医療機構からの借入

　福祉医療機構の医療貸付事業は長期貸付の制度であり、最長30年の貸付もある。病院の設備投資にはもっとも適している。病院は長期間の借入を望ましいと考える傾向がある。

　しかし、長期借入をすると、時代の変化に対応した機敏な投資には対応できなくなる。世の中の変化のスピードが加速化する現在では、企業においては、設備投資借入は短期間に返済して（有税の加速度償却もして）、迅速に次の経営意思を決定できるようにする行動も見られる。支払利息は税務上では損金計上できるが、長期間の借入では累計借入利息支払額は大きくなる。

（2）債券発行による資金調達

　債券発行による資金調達では、診療報酬債権流動化*1でSPC（エスピーシー）が発行するCPは最長60日、病院債（地域医療振興債、医療機関債、社会医療法人債）による資金調達期間は数年間である。

（3）銀行からの借入

　民間銀行は1年以内の短期資金、1年超の長期資金のいずれにも対応している（短期と長期の区分については第3章第3節参照）。短期資金は一般運転資金、増加運転資金、賞

＊1　診療報酬債権流動化
　　病院が請求中の診療報酬債権をSPCに売却（流動化）することにより資金調達を行う手法（詳しくは第10章参照）。

与資金、納税資金などの資金調達に、長期資金は設備投資資金への資金調達に対応する。

民間銀行の長期の貸付期間は、病院の債務者格付や経営状況にも関係するが、長くても10年以内である。それ以上の期間の借入希望に対してはバルーン返済方式（86ページ参照）で対応するのが一般的である。

2　返済方法

借入金の返済方法にはさまざまなバリエーションがあり、病院が選択することができる。自院の経営・財務状況、キャッシュフローに適したものを選択する。

（1）銀行借入の場合

銀行借入の返済方法には、「元利均等返済」「元金均等返済」「（元金）期限一括返済」「バルーン返済」「個別契約書で決める個別の約定返済」等、多様な種類・選択肢がある。

（2）福祉医療機構、病院債の場合

福祉医療機構の医療貸付事業における直接貸付の約定返済は、「元利均等」と「元本均等」のいずれかを選択できる（福祉医療機構では返済期間を償還期間と呼んでいる）。病院債の償還は、「期限一括返済」しかない（債券も投資家からの借金であるが、債券の場合は返済とはいわずに償還という）。

3　金利

（1）金利の計算方法

金利のつけ方、計算にはさまざまな方法がある。社会の一般的な常識とは違う借入計算期間に対して最初の日に借入利息を払う「前払い方式」と最後の日に払う「後払い方式」、表示方法で「割引利率」と「利息後払い」、利率を計算する単位（日歩・月・四半期・半年・年利）、「単利」と「複利」、「変動」と「固定」、「360日ベース」と「365日ベース」、「片端入れ」と「両端入れ」*2などである。

端数の取り扱いも四捨五入、三捨六入、切り捨て、切り上げがあり、有効桁数をどこまでするかも商品や金融市場によって違う。分数表示の場合は、1/2％、3/8％のように分母は必ず2の倍数になる（2の倍数は割り切れるため）。

---

*2　片端入れ・両端入れ
　　金利などを計算する際に、融資日または融資返済日の片方のみを含めて計算する方法を「片端入れ」、両方を含めて計算する方法を「両端入れ」という。

また、金利変動リスクのヘッジ目的から、金利にキャップやフロアー、オプション、スワップなどのデリバティブをつける場合もある。

(2)一般的な計算方法

日本の民間銀行での借入利息計算は、以下の方法が一般的である。金融では、借入期間が1年以内の短期と1年以上の長期とでは、別の世界になる。

短期資金の借入利息計算は、金利は年利、利息後払い計算で利息先払い、両端入れ・365日ベースで行う。

長期資金の場合は、金利は年利、利息後払い計算で利息後払い、両端入れ・365日ベースである。長期資金の利息支払いは期限一括ではなく、例えば3か月ごとや半年ごとの利払日が借入契約書に記載される。ただし、ユーロでの借入の場合、利息は利息後払い計算で利息後払い、片端入れ・360日ベースで計算される。

(3)金利水準の違い

病院が資金調達する借入金の金利水準は「借入金額」「期間」「担保」「債務者格付(銀行借入の場合)」「債券格付(病院債の場合)」「金融機関」等によって違ってくる。

借入の金額が大きく、借入期間が短いほうが金利が低い場合が多い(順イールド)。しかし、金融市場の需給状況によって逆転することも珍しくなく、借入期間が長いほうが金利が低い場合もある(逆イールド)。

また、同じ銀行においても債務者格付や案件格付によって貸付金利(貸付利率)は大きく変わる。

(4)利便性や調達可能額の検討

なお、資金調達は金利だけでなく、利便性や調達可能額などを検討しなければならない。無格付の地域医療振興債・医療機関債が、公募債で格付を持つ社会医療法人債よりも低利である場合は、その金利水準にて資金提供をしてくれる投資家を、病院が縁故の中から探してくるからである。ファクタリング*3やリースはそのノンバンが定める料率による。

なお、リース料率は金利ではないので、金利と比較するなどの誤りをしないように注意をする必要がある(186ページ参照)。

(5)直接金融の金利

CPや病院債を発行して資金調達をする直接金融での金利原則は、ハイリスク・ハイリターン、ローリスク・ローリターンである。

---

*3　ファクタリング
　　企業や病院が有する売掛債権を買い取って、その債権の回収を行う金融サービス。

　CP方式の診療報酬債権流動化の金利は格付に相関する。縁故病院債（地域医療振興債・医療機関債）には付与する金利がガイドラインに示されている。しかし、これらの病院債は本来、小規模な縁故債であるため、ガイドラインで人為的に金利を誘導するのではなく、病院と病院債を購入する投資家との相対による値決めが原則であろう。その場合、格付取得の公募債の社会医療法人債に対し、無格付の縁故病院債はジャンクボンド[*4]であることから、ハイリスク・ハイリターンの原則では利率は高くなる。

4　借入目的

▌(1)短期資金

　金融では期間が1年以内を短期という。短期資金の資金調達では、賞与資金、納税資金、建設つなぎ資金などのように資金使途が明確なものもある。しかし、資金繰り上必要な運転資金については資金使途を限定する必要がなく、銀行に対して説明する必要もない。

▌(2)長期資金

　金融では期間が1年超を長期という。長期資金の資金調達での借入目的および資金使途は、具体的な個別の設備投資案件や不動産購入などに限定される（長期運転資金は例外）。長期借入資金を借入目的以外のことへ流用することは許されない。融資実行後に、銀行は振込受領証や領収証などで金額と資金支払先の確認を行う。

　銀行は投資する設備費用や購入する不動産価格と同額の金額を貸付け、「余裕を持たせて少し多めに貸しておこう」ということは決してしない。病院の設備投資資金を「借入申し込みを多めにしておいて、借りることができる金額がわかってから、どのように使うかを決める」という考え方を、銀行は許さない。

　なお、福祉医療機構の場合は、福祉医療機構の算定基準（「標準建設費」）で計算する建物設備費用が貸付額算出での基準となり、実際の必要資金とは相違する。

5　担保・見返り・保証人

▌(1)抵当権の設定

　担保で資金を貸すのは質屋貸金というビジネス形態（質権をつける担保物件「質草」の質で借りられる金額が決まる）である。福祉医療機構や銀行は担保評価を基盤にした融資は

---

*4　ジャンクボンド
　　債権回収の可能性が低いとみなされる債券。

しない。

　また、福祉医療機構や銀行の担保は質屋での「質権」とは違い、「抵当権」の設定のため、病院は担保に入れる土地や建物を占有したまま使用することができる（担保と保証人については第5章第4節で詳しく説明する）。

(2)担保・保証人の必要

　福祉医療機構の医療貸付事業では、法律によって原則担保が必要になる。保証人は保証人不要制度か個人保証かのいずれかを選択できる。保証人不要制度を選択した場合には連帯保証人は不要となるが、貸付利率に一定の利率が上乗せになる。

　ちなみに銀行においては、債務者格付が「1」に近いほど、無担保である信用貸付の可能性が高い。また期間は短いほど、信用での貸付の可能性が大きい（反対に長期資金は原則として担保が必要である）。

(3)病院債の保証

　病院債について、地域医療法人債や医療機関債は、病院と縁故投資家の相対取引の中で保証条件が決められる。しかし、現実には無保証が多い。

　一方、企業が発行する私募債では、無格付であるが銀行保証付で発行される（銀行が支払保証をするので、投資家には保証銀行と同等の格付の私募債と把握される）。

　公募債の社会医療法人債の場合には、発行する個々の病院債に対して、格付会社による債券格付が実務上必要とされる。

③ 資金調達の検討項目③ オール・イン・コスト

1　オール・イン・コストとは

　資金調達での資金コストは、表面金利（資金を借り入れる際に貸し手と約定した金利。債券においては債券利率を指す）だけでは済まない。別途、手数料や保証料などの諸費用が加算される。

　例えば、銀行借入では、表面金利に基づく支払い利息の他に、手形や金銭消費貸借契約書に貼る印紙代、モーゲージ[*1]調査費用、担保登記費用、登記簿謄本発行手数料、司法書士費用、保証協会保証料などの費用がかかる。その他、シンジケートローン[*2]や病院債、直接金融でも多くの手数料や保証料などの費用がかかる[*3]。

　金利と資金調達の各スキームにて発生する費用の合計を調達額で割って、パーセント表示の毎年の平均利率にしたものをオール・イン・コスト（all in cost）という（図2-1）。

　ここでは述べないが、資金調達に要する時間コストもある意味で大きな費用項目である。

2　表面コスト（表面金利）とオール・イン・コストの差

　例を挙げてオール・イン・コストを計算してみる。

　例えば金額10億円、期間5年の病院債の発行を検討したら、債券利率（表面利率）が3.0％、5年間にかかる諸費用（手数料等）が5,000万円であったとする。オール・イン・コストでは調達の全期間を通じたすべての金融コストを計算式に盛り込む。すると図2-

---

[*1]　モーゲージ（Mortgage）
　　　「モーゲージローン（Mortgage Loan）」の省略で「不動産を担保にした貸付」の意。ここでは担保に入れる不動産の不動産鑑定会社の調査・査定費用を指す

[*2]　シンジケートローン（Syndicated Loan）
　　　借入人の大型の資金調達ニーズに対して、複数の金融機関がシンジケート団を結成し、同一の条件・契約に基づいて融資を行う手法（詳しくは第7章134ページ参照）。

[*3]　シンジケートローンの場合には、アレンジャー手数料、エージェント手数料なども必要になる。
　　　無担保病院債の場合には、支払金利に加え、発行事務手数料、期中事務委託料、応募者登録手数料、社債管理手数料（期中年2回）、利金支払手数料（病院債利息請求時）、元金支払手数料（元金請求時）などがかかる。病院債に銀行保証を付ける場合には加えて保証料がかかる。
　　　社会医療法人債の場合には、無担保病院債の場合のコストに加えて、公共債発行費用（格付費用、引受手数料、公認会計士監査費用、バックアップライン手数料など）が病院負担の金融コストとして加算される。
　　　直接金融でも例えば資産担保証券（ABS）発行の場合には、銀行手数料、証券会社手数料、債券格付費用、弁護士費用、デューデリエンス費用、カストディ費用、銀行バックアップライン設定料、目論見書印刷費用など多くの諸手数料が発生する。

$$表面コスト(\%) = \frac{1年間の支払利息額}{調達額} \times 100$$

$$オール・イン・コスト(\%) = \frac{完済までの支払利息額＋手数料等}{調達額 \times 年数} \times 100$$

図2-1　表面コストとオール・イン・コストの計算式

$$オール・イン・コスト(\%) = \frac{完済までの支払利息額＋手数料等}{(3,000万円 \times 5年＋5,000万円)}{調達額 \times 年数}{(10億円 \times 5年)} \times 100 = 4.0\%$$

図2-2　オール・イン・コストの計算例

2から分子は2億円になる。分子は5年間に支払うコストであるから、分母も5年分に調整する。計算を行うとパーセント表示にしたオール・イン・コストは年率4.0%となる。

　病院債の発行を検討する場面で、金融コストを債券利率の年率3.0%で把握するか、オール・イン・コストの年率4.0%で考えるかは、大きな違いである。

3　オール・イン・コストの特性

　金利以外の費用には、イニシャル・コスト（初期コスト）のように調達金額の多寡には連動しない固定的なものもある。固定的コストを含んだパーセント表示のオール・イン・コストは、調達期間が長く金額が大きいほど、値は小さくなる性質を持つ。

　病院債、資産担保証券、シンジケートローンなど「規模の経済」（economics of scale、いわゆるスケールメリット）が働く金融スキームの資金調達においては、金額が小さい場合には、表面金利以外の諸費用負担の影響から割高な資金調達になる可能性を認識しておくべきである。金融では、調達コストは表面金利だけをもって判断してはいけないのである。

　必要な最低金額は一概にはいえないが、シンジケートローンは10億円以上、病院債、資産担保証券では100億円はほしいと想定される。すなわち、これらの金融スキームは金利以外の費用が大きいため、分母の資金調達額が大きくなければ、オール・イン・コストが高くなってしまう。

4 オール・イン・コストを加味した資金調達

(1)福祉医療機構・銀行借入

　病院の設備投資の資金調達は、福祉医療機構からの調達を第一に考え、不足分を銀行から借り入れるのが基本である。

　病院・診療所に行くと初診料・再診料が請求されるし、弁護士に相談すると時間に応じた弁護士費用の請求がある。しかし、現在の福祉医療機構や日本の銀行では資金調達を相談しても相談料は無料と大変大らかである。また審査料も無料で、たとえ審査の結果、稟議が不認可となった場合でも、銀行は受付費用、審査費用、事務取扱費用などは請求しない。極めて寛大である。

　福祉医療機構や銀行借入にて追加で発生する費用は、手形や金銭消費貸借契約書等の課税文書への収入印紙(上限は10億円超の場合の20万円)、担保設定等の手数料であるが、金額は大きくはない。

　したがって、福祉医療機構や銀行借入における調達コストは、ほぼ表面金利とイコールになると理解しておけば、大きな齟齬はない。

(2)金融機関別の借入コスト

　直接金融(債券等)や新しいスキームの金融では、表面金利以外の費用が調達コストに大きく影響を与えるため、金融コストを考えるときは、表面金利ではなくオール・イン・コストベースで考える。

　金融機関別の借入コストは、諸要件から一概にはいえない。大まかに、長期調達金利では、(縁故)地域医療振興債＜(縁故)医療機関債＜福祉医療機構＜シンジケートローン＜医師信用組合＜メガバンク＜地方銀行＜第二地銀＜REIT(Real Estate Investment Trust：不動産流動化)＜社会医療法人債＜貸金業者、が目安となろう。ただし、調達金額や期間、条件、病院の格付けによって相違する。

　病院の資金調達を考えるときには、規模の経済も十分に検討して、無駄な時間と労力を浪費しないことも重要である。

　図2-3で、直接金融(Direct finance)と間接金融(Indirect finance)それぞれの資金調達コストの関連を示すので、参考にされたい。

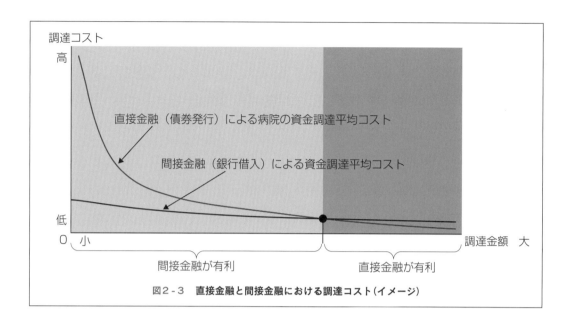

図2-3　**直接金融と間接金融における調達コスト（イメージ）**

資金調達の検討項目④ 難易度と必要時間

病院の長期資金調達では、その金融商品スキームを採用した場合の資金調達の難易度と、準備から資金の入金までに必要とする時間も検討する必要がある。

1 銀行借入の場合

(1) 借入の難易度

病院の長期資金調達で一番簡単な方法は、銀行からの借入である。現在の銀行は貸付用資金を潤沢に持っている。銀行支店に行って借入の申込手続きを行えば、その後は銀行員が用意する必要資料などを教えてくれ、段取りをつけてくれる。

銀行員は金融のプロで企業取引のベテランである。私欲はなく全面的に信頼してよい。信用を重んじる銀行は病院に不合理・理不尽な要求は行わないし、法令を遵守し、守秘義務を守るので安心である。

病院にとって銀行借入におけるリスクは、銀行内で融資稟議が不認可になること（あてにしていた借入ができなくなる）、融資に際して厳しい条件や指示がつくこと（条件付認可、指示付認可）、シンジケートローンでアレンジャー（幹事）銀行＊が銀行団を組成できないことである。

(2) 調達までの必要時間

銀行借入では、通常は申込から借入までに数か月もの時間は要しない。しかし複雑な案件の審査や、担保調査・設定などに時間がかかる場合もあり、常に早めの融資相談・申込が勧められる。また、資金がいつ（何月何日に）必要なのかを明確に銀行に伝えておく。

2 直接金融の場合

(1) 借入の難易度

直接金融では、債券マーケットや、縁故の資産担保債権、病院債を購入する投資家がい

なければ、当然資金調達はできない。また、必要な資金調達額、例えば5億円は1病院にとっては巨額でも、5億円の金額では取引単位を満たさない金融商品も多数ある。

▌(2)調達までの時間

　時間的には、銀行保証付病院債やシンジケートローンでは、病院債発行またはローン実行までの準備に数か月はかかる。例えば、シンジケートローンは何十億円、何百億円という大きな資金調達も可能であるが、融資条件と契約書に関してアレンジャー銀行との折衝や顧問弁護士、顧問税理士によるチェック、またアレンジャー銀行が銀行団を組成するのに相応の時間が必要である。

　商品上のスキームの難しさでは、SPCを設立するABS(Asset Backed Security：資産担保証券)やシンジケートローンは、当事者も多くなり複雑になる。

＊　アレンジャー(幹事)銀行
　　シンジケートローンでの資金調達において、病院に対して様々なアドバイスを行い、病院にとってできるだけ有利な条件で資金調達できるように努める幹事役の銀行。

⑤ 資金調達の検討項目⑤ 病院経営権への影響度

1　出資者の関与

　病院経営者にとって、資金提供者の経営への関与度は資金調達の際に検討を要する重要な課題である。

　医療法人社団の「社員」とは、病医院の職員のことではなく、出資者である。株式会社での株主に相当する。社員は社員総会の構成員であり、社員1人が（出資金額とは関係なく）1票の議決権を持っている。ここが保有株式数に応じて議決権を与えられる株式会社と大きく異なる点であり、医療法人のコーポレート・ガバナンス（企業統治）上の弱点である。長年の間に死亡等で社員が入れ替わって派閥バランスが変わっている社員総会で、突然のワンマンオーナー理事長解任決議とか、理事長死去後に経営陣が一斉変更となるのは、病院乗っ取りの常套手段で、1人1票という法制面の急所を突いたものである。

　病院経営では、出資者の面子と人数には周到な注意が必要とされる（なお、出資がなくても社員になることができる）。

2　銀行の関与

　銀行は、利払いと元本返済が順調ならば、病院経営には関与しない。しかし、元本返済や利払いが一度でも延滞すると、すぐさま経営に関与・介入してくる。債務者格付が「7」以下になると、やがて銀行から再建計画提出の要求がなされる。この段階では、すでに病院経営者側の主体性は失われている。

　銀行は融資先の病院が経営不振に陥り、借入金の返済が滞った事態になっても、病院の乗っ取りを目論むことは絶対になく、再建に尽力する。難しい場合には不良債権処理として債権回収（担保処分など）や債権処理などが進められる。最終的には第三者のサービサー（債権回収会社）に債権が売却されて病院と銀行との関係が終わる場合もある。

3　銀行以外の債権者の関与

　銀行以外からの借入の場合では、返済延滞になると「再建・再生」の名目で債権者側の人

が事務長などとして病院に送り込まれる場合もある。長年、手緩い経営がなされてきた病院の再建は、困難とはいいきれない——コスト削減の徹底、業者や銀行への債権放棄の要求など、プロによって着実と再建を進めることが可能なケースもある。

　一方、債権者の目的が「病院の乗っ取り」である場合は、出資者構成は変わり、合法的に債権者側の人が理事長等に就任する。合法であるため、官庁も銀行も何もいえない。債権者の最終目的は病院の経営ではなく、再建した病院を高値で売却し出資者として売却利益を得たり、継続的なコンサルタント料や医薬材料品の長期納入契約を病院から得ることにある。しかし、破綻に瀕していた病院は再生して地域への医療提供が継続される。これを乗っ取りというか再生というかは、モラルと程度の問題であろう。場合によっては廃院後に不動産として売却される場合もある。

　こうした事態になるのは、病院が赤字であり、また経営陣の脇が甘かったという病院側にも原因がある。金融とは怖い取引でもある。ふつうは経営が危なくなった会社には、人は逃げこそすれ、あえて近づく人はいない。病院も資金提供をする取引相手の選択には注意、または覚悟が必要である。

⑥ 資金調達の検討項目⑥　取引継続性・安定性

　病院の資金調達では、調達する資金の取引継続性や安定性も検討しておく必要がある。具体的には、①調達先（資金の出し手）の経営安定性、②調達する金融市場やスキームの安定性──の2つである。

1　資金調達先の安定性

（1）銀行、信用金庫、信用組合の場合

　銀行、信用金庫、信用組合から長期資金調達をしている場合には、借入時に資金は病院側に振り込まれており、あとは返済していくだけである。返済期間中に万一、借入先の銀行が破綻しても、借入契約書の債権者が救済銀行に替わるだけで、病院は急に借入残額を全額揃えて返済する必要はない。

　ただし、継承銀行も取引や取引内容の見直しを行うため、継承銀行が短期運転資金で期日到来する手形の書き換えや、相談中であった案件の継続、病院の新規借入に支援をするかは不明である。かつての北海道での銀行倒産の事例を見ると、メインバンクが破綻したあと、地域の病院は資金調達に深刻な影響を受けている。北海道の病院では、その後、REIT（不動産流動化）、不動産ファンド、医療機関債など直接金融の金融商品が氾濫した。

（2）貸金業者の場合

　病院が注意しなければならないのは、資金調達先に貸金業者（ノンバンク*）を選ぶ場合である。ファクタリング（他人が有する売掛債権を買い取って、その債権の回収を行う金融サービス）会社やリース会社の経営状況・業務方針の変更、ABSのSPC破綻は、病院の資金調達に大きな影響を与える。

　例えば、診療報酬債権流動化の取扱停止などである。ファクタリング方式の診療報酬債権流動化では、病院は診療報酬債権を金融業者に譲渡し、割引後の資金を入手する。金融業者は病院に渡す資金を銀行、ノンバンクから借り入れる。もし、貸金業者が倒産すると、運転資金の割引はストップし病院は翌月からの資金繰りが困難になるし、譲渡済みの請求中診療報酬債権が戻ってくる確約はない。

なぜか病院は行っていないが、取引先相手の信用調査は、ビジネスでは基本中の基本であり、大変重要である。

2 調達する金融市場やスキームの安定性

(1)間接金融の安定性

間接金融で銀行から借入をする場合は、金融政策の変更や、審査方法・基準の変更(例：案件格付制度導入)などにより、借入環境が変わることもある。資金余剰の現在では、銀行には融資する資金量は十分あり心配はない。

(2)直接金融の安定性

一方の直接金融で、金融市場から調達を行う病院債やABS方式の診療報酬債権流動化、病院REITなどのスキーム手法の場合は、債券発行時の金融マーケットの環境によっては、金利の高沸やマーケットに投資家がいない(買い手がいない)などで、病院が予定していた資金調達ができない場合が想定される。例えば、病院債の期日到来時に継続債券(借換債)の発行を予定していたが、市況が悪くて資金調達ができないケースなどである。

銀行、福祉医療機構からの借入はスーパーマーケットで買うお米のようなもので、いつでも安定的な価格でほしい量が手に入る。しかし、直接金融のスキームは野菜やフルーツに似ており、手に入る量は不確定であるし価格は時価で変動する。

ABS方式の診療報酬債権流動化、CPや病院債など直接金融で資金調達をする場合には、マーケットに投資家がいない、金利が想定外に高いという場合に備え、保険として銀行でバックアップライン契約を締結しておくのが、資金繰り上での安全策である(詳しくは176ページ参照)。

---

* ノンバンク
バンク(銀行)は受信業務(預金)、与信業務(融資)、為替業務の3つを行うが、ノンバンクは与信業務だけを専門に行う金融機関である。銀行からの借入などによって調達した資金で与信業務を行う。預金や為替は扱わないのでノンバンクといわれる。消費者金融会社、事業金融会社、信販会社、リース会社、クレジットカード会社、住宅金融専門会社などがある。銀行は免許制であるが、ノンバンクは貸金業規制法に基づく登録制で開業できる。政府は国民から預金を預かる銀行の免許に対しては厳しいが、金を貸すことは自己リスクであるため、登録で開業できる。

問題 1 病院の資金調達における検討項目等について、次の選択肢のうち誤っているものを1つ選べ。

[選択肢]

①病院の資金調達は、調達可能金額、調達条件、オール・イン・コスト、調達の難易度や調達までの必要時間、病院経営権への影響度、資金調達の取引継続性・安定性の6項目で検討する。

②病院設備の投資事業計画では、経営資源の「ヒト」「モノ」「カネ」の3項目について検討を行う。

③民間銀行での借入利息計算は、長期資金の場合、利息後払い計算で利息先払いが一般的である。

④ジャンクボンドとは、金融市場にて債権回収の可能性が低いと見なされる債券を指す。

⑤投資家は、銀行保証付き私募債を、保証銀行と同等の格付けを持つ私募債と把握する。

解答 1　③

解説 1

①○：選択肢の通り。

②○：選択肢の通り。

③×：長期資金の場合は、利息後払い計算で利息後払いが一般的である。選択
肢は短期資金の場合。

④○：選択肢の通り。

⑤○：選択肢の通り。

第3章

病院の資金調達の区分

病院の財務

1 「財務」と「会計」

ファイナンス（finance）の日本語訳は「財務」であり、病院や企業での「投資（資金運用）」「資金調達」「配当」の３分野のキャッシュ・フローを扱う（図３-１）。

日本の病院には「投資（資金運用）」のニーズはほとんどないが、設備投資資金が必要であるために「資金調達」は盛んに行われている。なお、「配当」は法律（医療法第54条）で禁じられている。したがって、病院ファイナンスの対象としては「資金調達」に絞られる。

ファイナンスに似た用語にアカウンティング（accounting）があり、日本語では「会計」になる。アカウンティングは「収益－費用＝利益」の構造式のフレーム内で、特に「利益」を扱う。

accountingにおけるaccountとは、「金銭の説明をする」という意味であり、countの「数える、計算する」ではない。数えて計算することではなく、病院の会計を説明・報告するのが「会計」である。

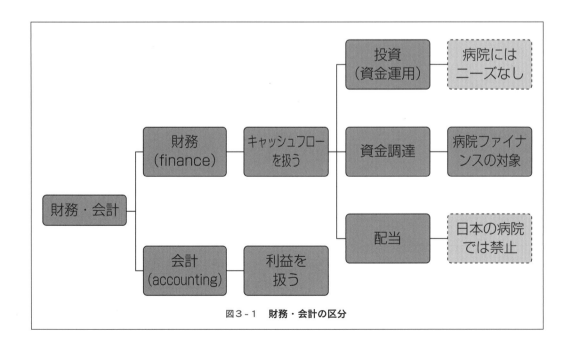

図３-１　**財務・会計の区分**

2 　資金調達とは

「資金調達」とは、事業活動に必要な資金を集めることである。資金調達が対象とする分野は、個人の住宅ローンから病院の設備投資、国の財政に至るまで幅広い。

本テキストでは、民間病院の資金調達の実務に軸足をおいて解説を行う。また、特に断らない限り、本テキストでの病院とは医療法人立の病院を指すものとする。

3 　基礎知識の必要性

企業や政府など、組織においての予算や結果報告、議論、意思決定は、どの国においても"会計の言葉"を使ってコミュニケーションがなされている。もちろん、病院でも経営内容の説明を受けるときや報告をするときには会計の言葉を使う。病院ファイナンスの現場では、金融の専門用語や概念、各種の金融商品が当然のように使われているのである。

病院経営の仕事において、会計・財務を知らなければ、組織運営をすることは難しい。会計や財務は確立された学問分野であり、基礎から始めて中級、上級、高度な知識に至る学習コースが整備されている。しかし、基礎知識の取得に限ってみても相応の時間はかかる。学習に王道はなく、組織の管理職および管理職候補者には地道な努力が求められる。

なお、資金調達に関する研究は、経営学でのファイナンス論・財務管理論、経済学での金融論・ファイナンス理論、工学での経営工学・金融工学などさまざまな学問分野で行われている。また、近似の学問分野として経営学での会計学、経済学での財政学がある。

4 　「資金調達」の体系と区分

金融の世界は大変複雑である。しかし、体系や区分が理解できていれば、国が描いた資金調達という地図の上で「今、自分はどこに立っているのか」「相手（金融マン）がどこの町の話をしているのか」を正確に認識でき、迷うことはない。

資金(お金)には色がついておらず、すべて同じように思える。しかし、性格や期間、使用目的などによってさまざまに区分されている。

次ページから、金融の現場で使われている資金調達のさまざまな区分を紹介する。自院が検討する資金調達では、どの区分のどういう位置の話になるのかを理解して、銀行等への相談・交渉にあたるようにしたい。

② 資金調達と資金運用

1　資金調達と資金運用の区分

　ファイナンスでは、企業や病院といった組織が資金を集めることを「資金調達」、調達した資金を事業に使うことを「資金運用」という。

　主な資金調達の方法には、「銀行借入」「社債（病院債）発行」「株式発行」などがある。

　他方の資金運用は、ファイナンスでは「不動産購入」「設備投資」「出資」「貸付」「社債購入」などの組織の投資（investment）を意味している。しかし、資金運用という用語は調達した資金の運用（use of fund）という広い意味でも使用される。その場合には、在庫の増加なども含んだものになる。

2　貸借対照表における資金運用

　図3−2の貸借対照表での資金運用は、広い意味での使用例になる。この図は、病院の決算日（一般的には3月31日）の資金調達と資金運用の関係を示したものである。次に、貸借対照表の見方を述べる。

(1)負債の部、純資産の部（貸借対照表の右側）

　ここには、負債関係と純資産関係の勘定科目と金額（例えば、短期借入金○○円、長期借入金△△円など）が示される。それらは決算日時点における病院の資金調達状況を示している。

(2)資産の部（貸借対照表の左側）

　ここには、資産関係の勘定科目と金額（例えば、医薬品□□円、医療用器械備品▽▽円など）が列挙される。これらは決算日における病院の資金運用状況を表している。

(3)貸借対照表の見方

　会計では「病院は、貸借対照表の右側の負債と純資産で調達した資金を、左側の資産で運用している」ととらえる。「資産の中には医業未収金や前払い費用という科目もあるが、

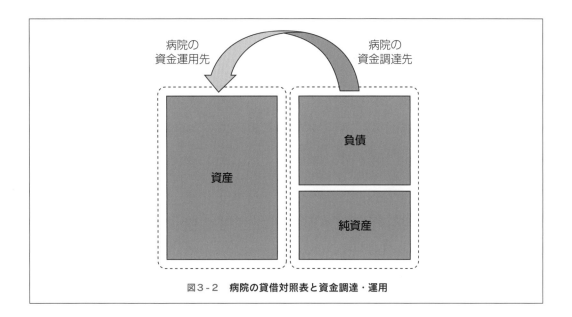

病院の
資金運用先　　　　　　　　　　病院の
　　　　　　　　　　　　　　　　資金調達先

負債

資産

純資産

図3-2　病院の貸借対照表と資金調達・運用

それらも貸借対照表の右側の負債、純資産の科目で資金調達した資金で運用している」と
とらえるのが会計思考である。

　例えば、医業未収金を患者から回収すると「回収できた分だけ病院はゼロからプラスに
なる（お金が増える）」のではない。それは素人の考え方である。会計のプロは貸借対照表
の左側にある医業未収金は、その金額分を右側の、例えば「短期借入金で調達してきている」
と把握する。「医業未集金を回収したら病院にお金が増えるのではなく、その分、貸借対
照表の右側の負債が減る。回収できなければ、ずっとその金額分の借入が続き、借入利息
を支払いを続けている」との解釈になる。

3　貸借対照表における資金調達コスト

　病院経営において、以上で説明した「病院は、貸借対照表の右側の負債と純資産で調達
した資金を、左側の資産で運用している」との認識ができるレベルになれば、次の段階の「資
金コスト」という考え方が理解できる。

　例えば、図3-3で病院が計算した結果、貸借対照表の右側で平均調達コストが3％で
あった場合には、病院は左側の資産を活用して3％以上の利益を上げなければならない、
との経営認識が生み出せる。

　ちなみに、図3-3では、病院の純資産の部における資金調達コストは剰余金の配当禁
止から0％としているが、大手の企業では、株式発行による調達コスト（配当）などが6〜
7％くらいはかかり、平均調達コストを引き上げている。

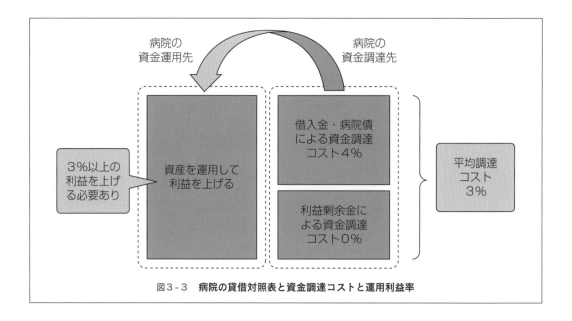

図3-3　**病院の貸借対照表と資金調達コストと運用利益率**

③ 資金区分の基本

1 金融市場

　金融の取引が行われているところは金融市場（financial market）と呼ばれる。経済学や金融では市場は"しじょう"と読み、"いちば"とは読まない。

　金融市場は、例えば築地魚市場のように場所や建物、取引時間は決まってはいない。"東京金融市場"といった言葉は、日本銀行を中心にして金融機関や企業が電話やインターネットなどを通して行う、資金取引や決済などのシステム全体を指している。

　金融市場の取引方法は魚や野菜などの現物を市場に持ち込んで売買する方法とは違い、書面での貸借となる。そして、金融市場ごとに金利という値段が形成される。

2 「金融（ファイナンス）」における時間区分

▎（1）短期資金と長期資金

　金融では期間によって資金を「短期（short term）」と「長期（long term）」に二分する考え方をする。預金や借入の期日到来までの期間が1年以内を短期資金、1年超を長期資金と定義する。

　短期の資金調達を「短期資金調達」、長期の資金調達を「長期資金調達」という（それぞれの詳細は第4章、第5章参照）。

　同じ資金調達であっても、短期資金調達か長期資金調達かによってファイナンスでの考え方や方法、商品が大きく相違する。金融市場も取引される資金が短期か長期かによって、短期金融市場（money market）と長期金融市場（capital market、資本市場）に2分される。同じ銀行から借入をする場合でも短期資金調達と長期資金調達はまったく別世界の話であると理解したほうが混乱しない。

▎（2）短期・中期・長期の区分

　時間を短期・中期（middle term）・長期の3つに区分する場合もある。

　例えば債券では、債券の償還期間によって1年以内を短期債（bill）、2〜5年を中期債

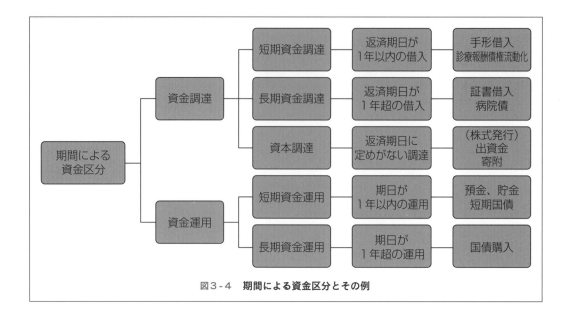

図3-4　期間による資金区分とその例

(note)、5年超を長期債(bond)に分けている。

　また、長期資金を中長期資金という場合もある(しかし、中期資金調達、中期資金運用という言葉はない)。

　図3-4には記載していないが、資金運用で期日に定めのない運用もある。株式である。株に出資すると(株主になり)、配当があれば配当金がもらえる。しかし、出資金の返還はない。その代わり、株主は出資金以上の責任は負わない(株主有限責任の原則)。上場企業の場合は株式流通市場で売却して換金できるが、非上場企業の株主は実質上換金できない。企業倒産後の残金財産を処分したあとに余剰金があった場合には、株主比率に応じて株主に返還がある。

3　「会計」における時間区分

　時間の区分に関して、「金融」と「会計」では若干相違する点がある(図3-5)。

　会計では、現金化までの期間が1年以内、または営業循環期間内のものを「流動(current)」、現金化までが1年以上を「固定(fixed)」という。

　例えば、金融における短期調達資金は支払期日が1年以内に来るため、会計では「流動負債」と認識される。

　同様に、長期調達資金はすべて「固定負債」に分類できそうだが、そうではない。長期資金調達の中には、過去からの毎年の約定返済が進んできた結果、決算日時点において返済期日が1年以内に到来する債務額もあり、会計ではこれを流動負債と認識する。例えば、長期借入で1年以内に返済する金額や、1年以内に償還期日の来る病院債などは「1年以

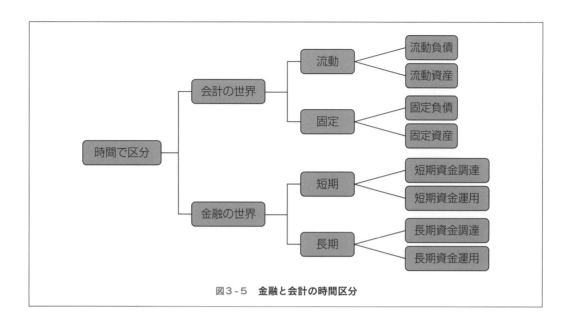

図3-5　**金融と会計の時間区分**

内返済長期借入金」(「短期借入金」ではない) などの勘定科目にて、貸借対照表に短期負債として計上する。

　病院経営でも、金融では「短期」「長期」、会計では「流動」「固定」の言葉を使う必要がある。

資金調達の区分

1　外部資金調達と内部資金調達

　外部資金調達とは、企業や病院の外部からの資金調達を指す。銀行借入、社債発行、株式発行、医療法人への出資、寄附などが挙げられる（図3-6）。

　内部資金調達とは、企業や病院の事業活動の中から生み出された資金によって、資金を賄う方法である。具体的には「利益剰余金」と「減価償却費」である。

　外部資金調達方法の詳細は第6章以降で見ていく。ここでは内部資金調達方法について紹介する。

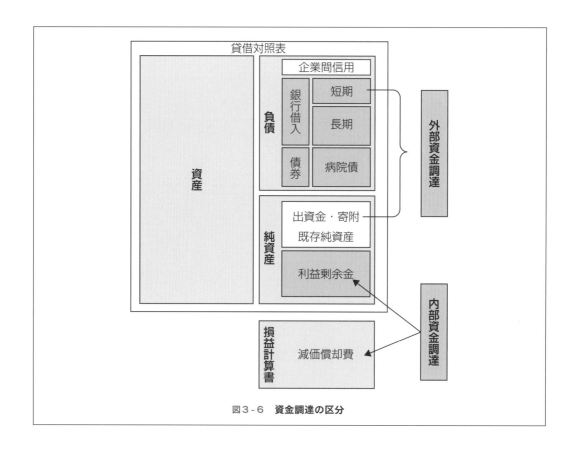

図3-6　資金調達の区分

2 　内部資金調達法①利益剰余金

　税引き後当期利益から、出資者への配当金と役員への賞与を払ったあとの金額は、貸借対照表の純資産の部の「利益剰余金」に算入される。ただし医療機関は、医療法等54条により、剰余金の配当が禁止されている。剰余金とは損益計算書の税引き後当期利益から役員報酬等を支払ったあとの金額のことである。すなわち、出資者への利益分配（配当）は行わない。

　病院は「利益剰余金」の蓄積によって自己資本を充実させ、財務内容の健全化や翌期以降の設備投資、スタッフの充実に充てていく。これが病院経営の基本姿勢になる。

　しかし、将来の設備投資計画に対する必要利益剰余金額や目標当期利益額などが経営目標値として掲げられていない病院もある。財務面では病院事業継続（going-concern）に対する経営姿勢が見られないことが多い。このように上述の病院経営の基本姿勢が明確になっていない。

　これは、病院経営における大きな課題である。まして当期利益が赤字の場合には、赤字額の分だけ過去から蓄積してきた利益剰余金を食い潰すことになり、経営は深刻といえる。

3 　内部資金調達法②減価償却費

　「減価償却費」は病院が固定資産の取得に要した費用を当該会計年度に全額計上するのではなく、税法で定められた償却期間に応じて減価償却費という科目で分割費用計上する方法である。

　現金（キャッシュ）の動きに着目すると、固定資産を購入したときに現金はすべて病院から流出してしまっている。一方で、会計・税法処理上では費用（減価償却費）は償却期間中に毎年度計上するが、その減価償却費に対応する現金は病院から流出していない。このように減価償却費では現実のキャッシュフロー（現金の動き）と会計・税法ルールとの間に食い違いがある。

　内部資金調達の視点で見れば、毎年度計上する減価償却費は、会計帳簿上では費用計上されていても、現実にはその年度での現金流出はなく、病院内に残っていることになる。

　病院では資産の中で固定資産が占める比率は大きく、減価償却費は金額としても大きく、内部資金調達として重要な資金源である。

　減価償却費は、本来では次期の設備更新に備える積立用資金であるが、借入金にて設備投資をする病院においては、減価償却費は借入金返済原資としての役割が大きい。なお、土地は固定資産ではあるが、減価償却の対象ではない。

4　資金使途による区分

　資金調達では、例えば銀行に借入相談をするときには、希望する借入金は何に使うのか説明が必要である。調達資金の使い道は「資金使途」と呼ばれる（必要とする資金額は「要資」という）。

　資金調達を資金使途によって分類すると、図3-7のようになる。金融の世界ではこのスキーム、区分け、用語を基盤にして話が行われる。覚えていただきたい。

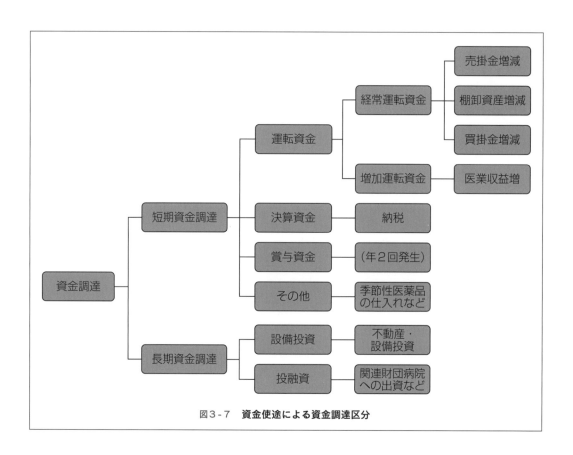

図3-7　**資金使途による資金調達区分**

短期資金調達

1 短期資金の種類

短期資金調達は借入期間が1年以内の借入(主語を銀行にすると貸付)である。

この短期資金の使途には、運転資金、決算資金、賞与資金などがある。

運転資金とは、病院の日常の事業活動の中で必要になってくる資金のことである。運資ともいわれる。主な運転資金には(経常)運転資金と増加運転資金がある。

2 運転資金

(1)運転資金とは

まずは、病院の現金の入出金(キャッシュフロー)を見ていく。現金が動くのは診療日や購入日ではなく、入金と出金のときである。

以下では診療報酬の患者負担を約1割と仮定する。厚生労働省「平成29年度国民医療費の概況」によれば、2017(平成29)年度財源別国民医療費の構成割合は公費38.4％、保険料49.4％、その他12.3％(うち患者負担11.6％)である。

病院の入金サイドでは、外来患者からは当日、入院患者からは月2〜3回の決められた日と退院日に診療費の約1割の現金回収がある。残りの約9割は、診療日から平均2カ月半後の保険者からの振込によって回収される(詳しくは165ページ参照)。

他方の病院の出金サイドは、給与は(年俸制の医師に対しても)毎月1回以上一定期日全額払い(労働基準法第24条)があるし、購入医薬品、購入医療材料、水道光熱費なども順次支払い期日が到来する。

このように、日常業務に伴う入金と出金のタイミングのズレから発生する必要資金を運転資金(working capital)という。

(2)運転資金の必要性

支払日のことを金融では(資金)決済日という。決済日に決済資金に対して(当座)預金残高が不足する(資金ショートという)場合には、銀行で運転資金借入などをして、決済資金

を手当てする必要がある。

　資金収支の過不足は倒産への引き金となるため、決済可能な当座預金残高を常時保持しておかなければならない。日々の資金管理と運転資金の確保は重要な仕事なのである。

　しかし、基本的には、病院の入出金のキャッシュフロー構造からは、資金繰り上で運転資金は発生せず、資金調達の必要はない（ただし、病院開設後の日数がまだ浅く現金預金の蓄積が厚くない時期や、大きな設備投資実施直後は除く）。病院では、総じて出金時期よりも入金時期のほうが早いからである（詳しくは66ページ参照）。

3　増加運転資金

　増加運転資金とは、売上増や決済条件の変化によって発生する運転資金である。

　病院では、医業収益の増加時と在庫の増加時に発生する。しかし、診療報酬債権の回収条件は固定しているし、医薬品や医療材料の決済日は通常、診療報酬債権回収日よりも後日であるため、病院での増加運転資金は常態ではない。

4　決算資金（納税資金）

　病院の決算資金とは、病院決算日後2カ月以内に納める国税・地方税の納税資金を指す。病院でも民間の医療法人立病院と個人立病院は納税の義務がある（民間病院でも日本赤十字社、済生会、厚生連などの公的病院は課税されない）。

　企業では納税資金に加え、株主総会での決算書承認のあとに社外流出する株主配当金や役員賞与も決算資金になるが、病院では配当金は禁じられている。

　決算資金の借入期間は次の予定納税までの6カ月間以内で、毎月元本均等返済をする。決算資金は決算が黒字の病院に発生し、期間も短いため、銀行借入はさほど困難ではない。

5　賞与資金

　病院は従業員数が多く、医業収益の2分の1が人件費である。

　年間賞与額を給与4カ月分とすると、半年ごとの賞与資金額は[医業収益×1/2×4／(12＋4)×1/2＝医業収益×1/16]である。年間医業収益の1/16(＝6.25％)を半年ごとに預金残高で対処しようとすると、意外と大きな金額である。通常は賞与資金を銀行借入で対処する。

　賞与資金借入は期間6カ月間で、毎月借入金の1/6を均等約定返済する。

　病院の経営が健全ならば、賞与資金の銀行借入は困難ではない（資金繰りが逼迫している状況では当然、賞与資金借入も難しい）。

長期資金調達

1 長期資金調達の種類

長期資金調達は借入期間が1年を超える借入である。

この長期資金の使途には、設備資金、投融資などがある。

2 設備資金

設備資金とは病院の不動産(土地と建物)、医療設備などに必要とする資金である。病院は設備産業とか、設備投資先行産業、"箱モノ"産業ともいわれ、財務における設備投資額の比率が他産業対比でも大きい。

設備投資の資金調達には、借入期間(=返済期間)が1年超である長期資金借入で対処する。長期資金調達の詳細は第5章で見ていく。

長期資金借入は借入金額も大きく、借入期間も長い。長期融資に対する銀行審査においては、事業計画の中身とその事業計画の遂行可能性に対して厳しい審査が行われる。

一方、病院にとっても多額の設備投資は、病院発展の可能性とともに、過剰設備に転じると、借入金返済は大変な負担になる覚悟が必要である。借入による設備投資には、慎重な検討・判断が必須とされる。

3 投融資

投融資とは、利殖目的で長期保有する株式・有価証券や、関連会社の株式・社債、長期前払い費用などである。投融資の資金調達は長期資金調達で賄う。

多くの病院では、個々の病院の定款や寄附行為において「確実な銀行預金、信託預金、ゆうちょ銀行預金」以外の運用は認めていない。また関連別法人の病院への出資はできない(11ページの欄外注釈参照)。

資金に余裕のある病院が国公債を保有する場合や退職引当金運用、役員従業員への長期貸付金などがある場合を除いて、基本的に病院では投融資への資金調達は発生しない。

直接金融と間接金融

1　直接金融

　直接金融（Direct finance）とは、病院が病院債や個人借入などによって、資金を直接資金提供者（金融では「投資家」という）から調達する金融である。資金の受け手、出し手ともに相手方の名前を知っているという性質を持つ。企業の場合では、社債と株式発行が直接金融での資金調達手法になる。

　直接金融では、病院が主体的に資金調達の企画実行をする必要がある。

■（1）地域医療振興債や医療機関債、個人借入

　地域医療振興債や医療機関債による調達では、病院は投資家に病院の経営状況と病院債の説明をし、購入折衝して債券購入をしてもらう。

　個人からの借入の場合でも、病院は貸出人と直接借入契約を結ぶ。

　地域医療法人債や医療機関債における投資家や個人貸付での債権者は、病院のことをよく知っている縁故先である。

■（2）社会医療法人債

　公募債の社会医療法人債の場合は、公社債市場にて病院債の売買が行われる。

　社会医療法人債の新発債の購入や既発債の売買には必ず証券会社が仲介する。ここで注意したいのは、病院は社会医療法人債を証券会社に購入してもらって借金をするのではなく、債券を購入した投資家から借金をするということである。公募債での証券会社は債券の売買の仲介役であり、取引の当事者ではない。

　したがって、公募債は間接金融ではなく直接金融となる。投資家は自分が購入した債券はどの病院が発行した公募債であるかを知っている。

　なお、出資金や寄附、SPC経由の診療報酬債権、不動産のABSを投資家に販売するのも直接金融である。

2　間接金融

　間接金融（Indirect finance）とは、病院が金融機関（銀行や福祉医療機構など）からの借入で資金調達をする方法を指す。

　間接金融では、例えば病院への資金の出し手は銀行である。その銀行が融資する資金は、個人や企業の預金が原資になっている。銀行経由のために資金の出し手（預金者）と資金の受け手（病院）が直接つながっていないことから、間接金融という。

　預金者は銀行に預金するのであって、病院に資金を出すのではない。一方の病院は銀行から借入を行うのであって取引の相手は銀行である。このように間接金融では、資金の出し手と資金の受け手は各々の顔も名前も知らない。

　日本の病院の資金調達は、件数でも金額でも、ほぼすべてが間接金融である。

　図3-8〜9で、直接金融と間接金融の違い、それぞれにおける病院の資金調達方法の種類を紹介するので参考にされたい。

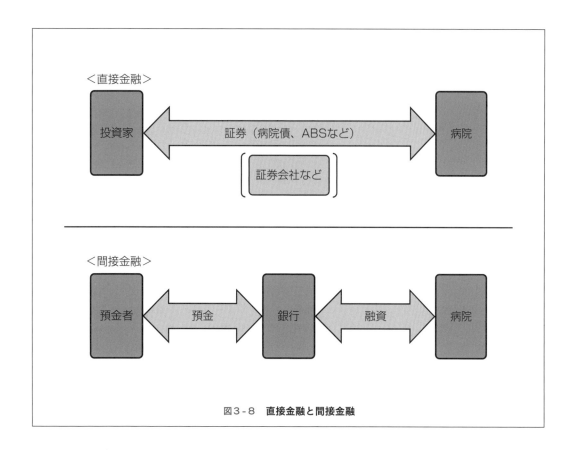

図3-8　**直接金融と間接金融**

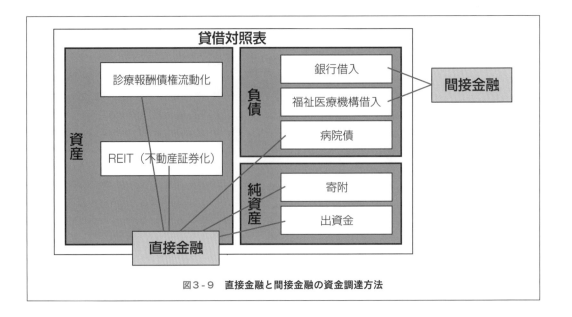

図3-9　直接金融と間接金融の資金調達方法

⑧ 自己資本と他人資本

1 自己資本と他人資本

　図３-９で紹介した、病院の貸借対照表における右半分上部の「負債の部」は、病院が他人から借りている資金である。将来的には返済をしなくてはならないことから、ドイツ会計学の考え方で「他人資本(Borrowed Capital)」といわれる。

　左半分の「資産の部」から「負債の部」を差し引いた残りが「純資産の部」で、貸借対照表の右半分下部に示される。純資産は返済の必要はなく(または返済期限が定められておらず)、「自己資本(Shareholders' Equity)」という。

　すなわち、「負債」＝「他人資本」、「純資産」＝「自己資本」の関係である(図３-10)。病院の自己資本は出資金と利益剰余金で構成される。

2 自己資本比率

▎(1)自己資本比率と負債比率

　経営指標の「自己資本比率(Equity Ratio)」は、自己資本／(他人資本＋自己資本)×100で表される。比率が大きいほど財務は安定している。

　また、「負債比率(Debt Equity Ratio)」は(他人資本／自己資本)×100で示される。病院の安全性を測る指標として使われる。負債比率はギアリング比率、レバレッジ比率とも呼ばれ、小さいほうが好ましい。

　自己資本比率、負債比率ともに融資審査では重要視される指標である。どちらの計算式も返済の必要のない自己資本の数字が大きいほど指標はよくなる。

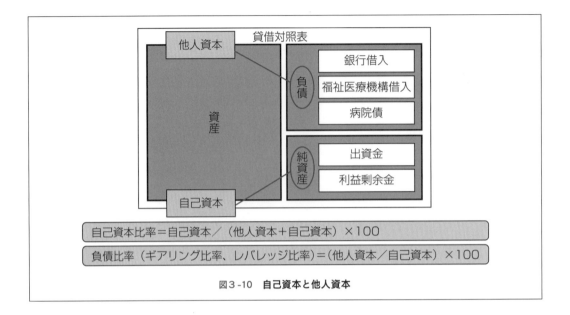

図3-10　**自己資本と他人資本**

⑨ デット・ファイナンス/エクイティ・ファイナンス/アセット・ファイナンス

1 貸借対照表上の分類

資金調達では、「デット・ファイナンス」「エクイティ・ファイナンス」「アセット・ファイナンス」という言葉が使われる。これは、ファイナンスを貸借対照表の「負債」「純資産」「資産」の区分にて分類したときの資金調達の呼び方である（図3-11）。

アメリカの経営学大学院におけるファイナンス論のテキストで使用される言葉が、日本の金融界に普及したものである。

2 デット・ファイナンス

貸借対照表の「負債の部」に計上される科目による資金調達を、デット・ファイナンス（debt finance）という。debtはデットと発音する。デットとは借金という意味である。

具体的には、銀行借入、社債発行、病院債発行という借金である。銀行借入のみならず社債や病院債も、「投資家（債券購入者）から資金を借りる」という意味合いにおいて、形式

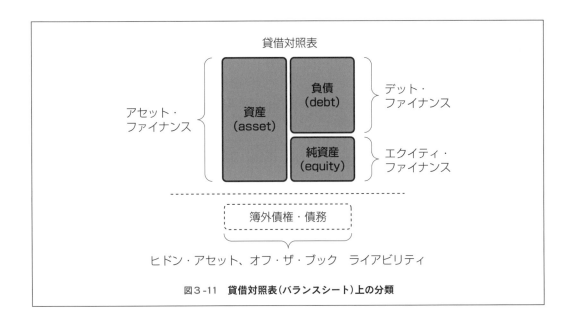

図3-11　貸借対照表（バランスシート）上の分類

は借金である。

3　エクイティ・ファイナンス

貸借対照表の「純資産の部」に計上される科目による資金調達を、エクイティ・ファイナンス (equity finance) という。エクイティとは自己資本のことである。自己資本は返済の必要がない(または返済期限が定められていない)。

エクイティ・ファイナンスとは具体的には、出資金の増資、寄附、利益剰余金による資金を病院内で使うことを指す。出資金の増資による資金調達は、資本調達とも呼ばれる。

4　アセット・ファイナンス

貸借対照表の左側の「資産の部」によるファイナンスを、アセット・ファイナンス (asset finance) という。しかし、遊休不動産や在庫医薬品などの資産自体の売却による単純な資金化をファイナンスとは呼んでいない。アセット・ファイナンスでは、病院は不動産の証券化や、売掛債権をファクタリングする方法で資産を流動化し資金調達をする。

理論的にはすべての資産科目が流動化できる。しかし、現在の病院では、診療報酬債権流動化以外ではREIT(不動産流動化)に取り組み例が若干あるだけである。

5　ヒドン・ファイナンス

貸借対照表には記載されない簿外のファイナンスを、ヒドン・ファイナンス (hidden finance) と呼ぶ。病院では、リース取引の一部がこれに相当する。

病院の簿外債務には保証債務、デリバティブ(金融派生)商品や保有外貨建て債券、外貨預金の為替含み損益等の偶発債務がある。病院がMS法人[*1]等との間で「飛ばし」をすると簿外債務となる。

本章で解説したデット、エクイティ、アセット、ヒドンのファイナンスに、その他の分野も加えた病院のファイナンス手法や商品を一覧表にまとめると**表3-1**のようになる。

---

*1　MS法人
Medical Service (メディカルサービス) 法人の略称で、医療行為以外のメディカルサービスを提供するために設立される株式会社や有限会社等を指す。

表3-1　**病院のファイナンス手法・商品**

デット・ファイナンス	間接金融	銀行・信用金庫・医師信用組合 福祉医療機構 日本政策金融公庫（日本公庫） 都道府県医師会等融資
	直接金融	債券（公募債‥社会医療法人債） 債券（縁故債‥地域医療振興債、医療機関債） 事業会社からの借入 個人からの借入
エクイティ・ファイナンス		出資金増資 寄附金 利益剰余金（内部留保）
アセット・ファイナンス		決済条件変更（売掛期間短縮、買掛期間延長） 貸借対照表の資産項目（特に在庫、未収金）の圧縮 診療報酬債権流動化（ABS方式）（ファクタリング方式）
簿外のファイナンス		リース
自治体		制度融資、補助金、助成金
新しい資金調達方法		・銀行のシンジケートローン ・PFI*2 ・病院ファンド方式 ・（課題…病院株発行による自己資本拡充）

＊2　PFI（Private Finance Initiative）
　　　医療等の公共サービスを提供するにおいて公共施設が必要な際に、行政が直接施設を建設・整備せずに、民間資金やノウハウ
　　　を利用して民間事業者などに施設整備と公共サービスの提供を委任する事業スキーム。

問題 1 病院の資金調達の区分について、次の選択肢のうち誤っているものを1つ選べ。

［選択肢］

①ファイナンスでは、貸借対照表の右側の負債と純資産で資金調達した資金を、左側の資産で資金運用している、と考える。

②短期資金調達と長期資金調達は、ファイナンスでの考え方や方法、金融市場、金融商品が大きく違い、両者はまったくの別世界と理解したほうがよい。

③株に出資すると株主になり配当金がもらえるが、出資金の返還はなく、その代わり株主は出資金以上の責任は負わない。

④運転資金とは、病院の医療機器、建物・設備を日々稼働させることから発生するランニング・コストを指す。

⑤自己資本比率は、〔（自己資本／他人資本＋自己資本）×100〕で計算され、比率が高いほど財務は安定している。

確認問題

解答 1　④

解説 1

①○：選択肢の通り。

②○：選択肢の通り。

③○：選択肢の通り。

④×：運転資金とは、日常業務に伴う入金と出金のタイミングのズレから発生
する必要資金のことである。

⑤○：選択肢の通り。

第4章

短期資金調達のポイント
――資金繰り管理と銀行借入の実務

1 病院の資金繰り管理
2 銀行からの短期資金調達
3 借入金利・利息の計算方法

病院の資金繰り管理

1　短期資金の需要と性質

(1)病院における短期資金調達のニーズ

本章では短期資金調達を解説する。

病院は、そもそも業界構造として短期資金の調達ニーズは少ない。病院の短期資金の需要は「賞与資金」と「決算資金(納税資金)」、場合によっては「増加運転資金」のみである。

納税資金が発生するのは黒字決算のときであり、増加運転資金は増収(収益増加)のときに発生するため、銀行での借入折衝はそれほど難しくはない。

ただし、病院に決算赤字や累損がある場合には、短期資金調達にも苦心するであろう。しかし、それは外来数の減少とか病床利用率の低迷、過剰設備投資、適性を欠いた人件費支払いといった、その病院の経営の問題である。

病院で資金調達が課題になるのは、借入希望期間が長期で金額も大きい設備投資の長期資金調達である(長期資金調達については第5章で解説する)。

(2)短期資金調達の性質

短期資金調達は、借入期間が1年以内の資金調達である。すなわち、返済は1年以内に行う。手形を銀行に差し入れて借入を行う方法(手形借入)が多い。手形借入を「単名(たんめい)」という。

期間3カ月の手形借入で、3カ月目ごとの期日に返済と同時に同額の新しい手形への書き換え(これを「コロガシ単名」という)をし、実質上は当初借入日から1年間以上借り続けていたとしても、1つひとつは期間3カ月の借入であり、短期資金調達に分類される。

2　資金繰り

(1)資金繰りと銀行不渡り

物品・サービスと現金を交換する商店での個人の買い物とは違い、ビジネスでは即時現

金で決済する取引（現金取引）は少なく、取引先とは"掛け"取引（信用取引）でビジネスが行われる。掛け取引とは、例えば商品の販売は本日行ったが、代金の受取りは後日といった取引である。すると契約日、物品・サービスの引渡日、現金が動く決済日は各々相違してくる。売上は計上し品物も渡したが入金は後日ということや、反対に物品・サービスは購入して引き取ったが支払いは後日ということが常態で起こる。

このように、日常業務に伴う入金と出金のタイミングのズレから発生する資金過不足の管理を「資金繰り」という。英語では「financing cash position, financial position」になる。

病院が振り出した手形・小切手の決済日（手形は手形期日、小切手は一覧払いで即日）に、決済口座である病院名義の当座預金残高が不足していると「銀行不渡り」になる。これは病院経営上の最優先事項として、なんとしてでも避けなければならない。

不渡りを一度出すと病院は社会での信用を失い、業者との取引継続が途端に厳しくなる。例えば、信用取引が拒否され即刻の現金決済が要求される。6カ月以内に銀行不渡りを2回発生させると、銀行取引停止処分となる。銀行取引停止処分になると（全国のどの銀行、信用金庫、信用組合とも）当座預金の開設や銀行借入はできず、病院は実質上の倒産となる。

▌（2）資金繰りの重要性

資金繰りの重要さを示す目的で、よく「黒字倒産」が例として紹介される。

商品を1億円で仕入れて、2億円で販売すれば1億円の儲けとなる。しかし、それは会計での［収益2億円−費用1億円＝利益1億円］という理解である。もし、このビジネスで売上金の回収日は翌月末であり、仕入代金の支払日が今月末だった場合、今月末には支払うべき1億円の現金は手元にない。商品は売れており、来月末の2億円の回収が確実であっても、今月末の1億円の支払いができない場合には倒産に至る。

この例のように、会計上は黒字（この例では利益1億円）であるが、キャッシュフロー上では支払現金が手元になく決済資金のショートによって銀行不渡りを出し、倒産することを「黒字倒産」という。売上金の回収を早くする（売掛期間の短縮）ないしは支払期日を延ばす（買掛期間の延長）などの決済条件の変更とか、資金不足1億円の銀行借入をしなければならない。

病院や企業は赤字だけでは倒産しない。赤字決算（当期利益がマイナス、損失計上）の病院は多くある。会計上は100億円の赤字であっても支払日に支払いを行えていければ倒産しない。反対に会計上は100億円の黒字でも、資金繰りの失敗で支払日に支払う1,000円の現金がなければ、倒産となる。

▌（3）資金繰り表の管理

病院の入出金と現金預金の収支管理は「資金繰り表」にて管理する。資金繰り表は病院のキャッシュフローを把握し、支払いを確実に行い、銀行不渡りによる倒産を防止するため

の管理帳簿である。

　資金繰り表に記録する日付は、診療日や医薬品購入日ではなく、実際に現金が入出金する日付で記入する（会計では預金口座の入出金を現金の入出金と考える）。すなわち、資金繰り表の記帳は発生主義ではなく現金主義で行う。

　例えば、外来の診察費が1万円で患者自己負担率が3割の場合には、当日の3,000円と翌々月末の7,000円に入金を二分して記録をする。

　資金繰り表に記入する数字は、今後の入出金の予定・予想の数字であり、記入時点では金額や日にちが確定していないものも多く作業は難しい。経理財務の実務上で、金額が明確でないときには、「入りは少なく出は多く」の原則に従って記入していく。

3　病院における運転資金

　そもそも病院は運転資金を必要とする決済構造の業界ではない。

　支払日に支払いができなければ病院は倒産すると説明したが、病院の決済口座は通常、当座預金でなく普通預金となっており、当座預金を持っていない病院が大半である。銀行も病院には特別の理由がない限り、当座預金の口座開設は許容しない。そして、当座預金とは違って普通預金には制度上、銀行不渡りや銀行取引停止処分はない。

　病院の経理は受け取り、支払いともに現金または振込ベースの現金商売の業態である（口座振込は現金決済に区分される）。また、病院では支払日よりも入金日のほうが総じて早く、現金（普通預金残高）が手元にあるので当座預金の手形を振り出す必要がないのである。

　支払日よりも入金日のほうが早いとしても、支払金額が入金金額を上まわれば、資金不足の場合、赤字補填の運転資金が必要になる。それは病院の資金繰りの問題ではなく、業績不振から収支バランスが崩れている現象であり、早急に抜本的な経営改善が必要とされる。

4　決済条件の改善

　短期資金管理（資金繰り）では、決済条件を見直し、収入サイドでは現金の入金日を1日でも早くし、支出サイドでは現金での出金日を1日でも遅くすれば、資金繰りは楽になる。決済条件の改善も広義での資金調達の一種といえる。

　病院は、収入サイドでは患者の窓口現金入金日と支払基金と国保連合会からの保険診療報酬振込日が固定されており、折衝による変更ができない*。それゆえに病院の支出サイドでの決済条件交渉は価格交渉とともに重要である。商売・取引とは価格と決済条件を交渉することである。しかし、現実には価格交渉だけで満足してしまい、その後に銀行との

＊　電子レセプトによる国保への請求に限り、2010（平成22）年2月から支払時期は2週間前倒しになった。

運転資金借入交渉に忙しい病院もある。

　ファイナンス理論では決済条件を変更すれば、変更された掛け期間の利息相当額が売買価格に（または値引き率に）織り込まれる。利息相当額を決済条件の変更で調整する。しかし、日本では決済条件は業界の慣行をベースに、個々の病院と納入業者との取引の力関係、信用力、購入価格、購入量によって決まっており、ファイナンスの理論通りにはなっていない。

② 銀行からの短期資金調達

　「銀行でお金を借りる」は当たり前のことである。しかし、「どのようにして銀行から借りるのか」については多くの人が知らない。そういうガイドブックや書籍もない。大切なファイナンス実務なので理解しておく。

　銀行に「病院で資金が必要になったので融資をしてほしい」と相談すると、銀行員は質問を通じて、病院の借入希望内容を整理し明確にしていく。

1　短期資金の借入申込

（1）銀行に説明が必要な事項

　短期資金の借入申込において、銀行が病院に説明を求める項目は次の5つである。全項目必ず聞かれるので事前に資料やメモを作成して明確な説明ができるように準備をしておく。

①借入希望金額（および金額算出根拠）
②資金使途（借入した資金を何に使うのか）
③借入希望条件（借入希望日、借入期間、返済方法、金利）
④返済原資（どうやって返済するのか。短期借入の返済原資は売上回収金が一般的）
⑤担保・見返り・保証人（万が一の場合にはどうするのか）

（2）説明のための資料

　加えて、銀行に説明するために以下の6つの資料を作成しておく。決算書以外は銀行から要求されたときに提出する。

①決算書3期分
②資金繰り表
③月次損益計算書
④返済計画表
⑤他行借入一覧表
⑥担保物件一覧表

⑦（借入が初めての銀行には）登記簿謄本と印鑑証明書

　作成作業を通じて病院の財務の現状と資金状況を把握・理解しておくとよい。ポイントは第三者が要点を理解しやすい簡潔な資料を作成することである。銀行員は、提出された資料を参考にしながら稟議書（申請書）を作成する。

　病院は、融資条件（金額、実行日、借入期間、金利、返済方法、据置期間、担保、保証人）については銀行と個別折衝で行う。

　銀行担当者から、決算書の数字や経営内容に関する照会があった場合には、速やかに回答を行う。

2　銀行との対応

　銀行の担当者が病院に往訪してきたときには、たとえ若い担当者であっても理事長が出迎えて理事長室で応対する。それが銀行取引における基本姿勢である。銀行と会うのは理事長の仕事であり、どんなに大規模の病院であっても病院の銀行窓口担当者は理事長である。病院の事務部長は銀行の担当者と理事長との面談をセットする。理事長は病院経営の最高責任者である。理事長には積極的に銀行と会う姿勢がほしい。銀行にはパートナーとして尊重する気持ちと姿勢で接し、驕った発言や横柄な態度を取ってはいけない。病院と銀行は疑心暗鬼の間柄ではなく、強い信頼関係を築く必要がある。資金調達手段が実質上、銀行借入しかない病院にとって、銀行との良好な関係保持は特に肝要である。病院と銀行は運命共同体である。しかし、病院が倒産しても銀行は倒れないが、その逆は真ではない。

　銀行の担当者は営業店に戻ったあと、会話内容や担当者の印象・所見を紙やパソコン内に記録して銀行内での共有資料として保管する。その記録はその後の新規の貸付案件審査、貸付継続審議、そして信用格付作業、自己査定作業、行内検査、金融庁の検査等のたびごとに参照にされ、その病院に対する銀行内での評価コンセンサスとなっていく。

3　銀行内での審査

▎（1）稟議書作成

　銀行の融資担当者は、病院からの借入申出を受けると、最初に「信用格付」の算出作業を行う。

　21世紀になって、銀行の審査体制は、銀行内で行う信用格付によって融資の諾否、適用金利の判断をする方式に大きく変化した。その信用格付の算定上、コアになっているのは財務指標である。

　銀行の融資担当者は稟議書を書きながら、決算書の分析や貸付案件の資金使途、返済計

画、返済原資、担保・見返りを検討していく。また、病院の外来患者数、新患率、平均在院日数、病床利用率、人件費率という病院経営計数・指標の分析や銀行との過去の取引歴、経営者の人物など定性面の分析・審査を通じながら病院の経営状況を把握していく（「銀行審査」の詳細は第7章参照）。

（2）行内稟議

　銀行営業店（支店または地域法人部）におけるこの借入案件の担当者は、通常は若手行員である。融資の諾否に対する彼・彼女の判断（積極的意見か消極的意見か）と意見の影響力は大きく、病院にとってはこの融資担当者がキーパーソンとなる。

　融資担当者は稟議書を融資課長経由で支店長（または地域法人部長等）へ回付し、案件内容と分析・調査結果、自分の所見を説明する。金額や期間、条件等の融資の内容が銀行が定めているその営業店の支店長の権限内の場合（支店長委任極度内）には、支店長が決裁すれば稟議は認可となる。融資案件の内容が支店長権限を超える場合（支店長委任極度外）には、本部稟議として稟議書は銀行本部の審査部や調査部に回付され、審査部長（場合によっては頭取等）が認可・不認可の決裁をする。

　稟議書の認可者が支店長か審査部長かにかかわらず、融資実行の最終的な諾否は支店長の判断になる。また、融資が焦げついた場合の責任も支店長が負う。

　たとえ相手がメガバンクであっても、病院にとっての銀行とは、融資担当者と融資課長、支店長の3名である。担当者は数十〜百社の数十〜数百億円の融資を担当しており、融資課長・支店長は営業店の数百〜数千億円の融資を管理している。なお、銀行本部の審査部員や調査部員は判断の客観性を保つために顧客と会ってはいけない。

　病院の経営状況や融資の分析・コメントは担当者が行い、稟議書に文書で記載する。病院への融資の全責任は支店長にある。もし病院理事長が融資担当者、融資課長、支店長の3名との面識がなければ、早急に銀行支店を訪問して自院の病院経営状況と経営環境を説明し、3人の理解を得ておく必要がある。これは銀行取引での基本中の基本であり、かつ重要なことである。なお、銀行員への接待、贈品、お中元、お歳暮はまったく不要である。してはいけない。

4　借入の手続き

（1）借入が認可されたら

　銀行内で稟議が認可されると、銀行から具体的な借入事務の案内がある。その銀行との融資取引が初めての場合には、銀行が用意する「銀行取引約定書」「印鑑届」「保証書」への記名捺印と発行3カ月以内の「登記簿謄本」「印鑑証明書」「保証人印鑑証明書」を提出する。

（2）振込

　借入日までに「融資申込書」と「約束手形」（長期借入の場合は「金銭消費貸借契約証書」）を銀行に提出する。手形用紙は銀行にて税前で1枚10円程度で購入できる。

　貸付金は現金や銀行振出小切手で病院に渡されるのではなく、貸付実行日に病院本人名義の預金口座に振り込まれる。

　短期借入では借入金を自由に使えるが、長期の設備投資借入の場合には、銀行は領収書などにより「借入目的通りに資金が使われたか」の資金使途確認を行う。

③ 借入金利・利息の計算方法

1　借入金利の決定まで

　銀行の貸付金利(病院の借入金利)について説明をする。

　短期資金調達での借入金利は、その銀行の短期プライムレート(短プラ)を基準にして個別病院の信用格付(リスク度)、融資条件が勘案され、銀行スプレッド(銀行収益)を載せて適用金利(借入金利)が決定される(84ページ図5‐1参照)。

　銀行は、病院への貸付金利は病院の債務者格付と案件格付に基づいて計算しており、客観性を持つと説明するが、借入金利に対する銀行との折衝は大切である。

　なお、税引き前当期利益の計上を少なくする節税対策型決算は、銀行からの資金調達では債務者格付が悪くなることから、融資が難しくなったり借入金利が高くなったりする場合もある。節税対策によって銀行借入が困難になったり金利が高くなっては逆効果である。節税と借入金利は裏腹の関係にあり注意が必要である。

2　プライムレートによる金利設定

　プライムレートとは、その銀行が信用度の高い一流企業に対して融資する際の金利を指し、貸付期間が1年以内の「短期プライムレート(短プラ)」と1年超の「長期プライムレート(長プラ)」に区分する。

　かつての短プラは[日本銀行の公定歩合+0.25%]に連動した全国一律の金利水準であった。しかし、1989(平成元)年以降、各銀行の調達コストをベースに金利動向や収益などを勘案して金利が決まる「新短期プライムレート(新短プラ)」に移行した。現在では、短プラとは新短プラを指している。

　新短プラは銀行によって金利水準が違う。通常はメガバンクの短プラの金利水準が一番低く、銀行の規模が小さくなるにつれて高くなっていく。

3　借入利息の支払方法

　借入利息の支払いは[借入額×金利×期間]を借入金返済期日に支払えばよいという世間

一般的な考え方の世界ではないので説明しておく。

　借入利息の支払方法は、手形サイト（約束手形の振出日から支払期日までの期間）が3カ月以内の場合の借入利息は一括先取、手形サイトが3カ月超の場合には3カ月ごとに利息先取・両端入れ・年間365日ベースが日本の短期金融における慣行である。

　両端入れでは融資日・融資返済日も1日間の借入として日数を計算する。病院は借入金を返済期日の銀行閉店時間直前に返済してもよい。しかし、銀行はその返済資金の利用を営業時間中には充てることはできないため、返済日も借入1日間として計算する。したがって支払利息計算は［借入額×金利×（実日数＋1）／365］で計算される。

　利息先取なので借入日に利息の支払をする。

　なお、長期金融での借入利息の支払方法は、短期金融とは違う別の方法が採用されている（82ページ参照）。

問題 1 **短期資金調達のポイントについて、次の選択肢の
うち正しいものを1つ選べ。**

[選択肢]

①短期資金調達とは、借入期間が3か月以内の資金調達である。

②銀行への借入申込で説明する事項は、借入希望金額、資金使途、借入希望条件、返済原資の4項目である。

③黒字経営の場合でも組織の資金繰り管理は重要である。

④借入金利は、新短期プライムレート（新短プラ）をベースに決定されるが、新短プラの金利は日本銀行の公定歩合＋0.25％の水準に連動する。

⑤借入期間は両端入れで計算し、借入期日に利息支払いと借入元本の返済をするのが一般的な金融ルールである。

解答 1　③

解説 1

①×：１年以内である。

②×：担保、見返り、保証人の説明も必要。

③○：選択肢の通り。

④×：新短プラは各銀行がその銀行の調達コストをベースに独自に決定している。

⑤×：短期借入資金の利息支払いは借入期日の支払い(後払い)ではなく、先取りが一般的である。

第5章

長期資金調達のポイント

銀行からの長期資金調達

1　長期資金調達とは

　長期資金調達とは、借入期間が1年超の借入である（銀行サイドにとっては長期資金貸付）。

　銀行からの短期資金調達と長期資金調達は、まったく別のジャンルの借入であると考える。短期と長期では考え方や仕組みが違う。

　病院における主な長期資金調達は、銀行または福祉医療機構からの借入である。

　長期資金調達をする目的は、建物建設資金（新築、改築、増築）、医療機器等設備投資資金、土地購入資金、長期運転資金などである。他病院の買収、継承資金も長期資金調達で賄う。

　長期資金調達の場合には、短期と比べて銀行は貸付に対して慎重になり、審査は格段に細かく厳しくなる。貸付期間が長期になるに伴って返済リスクも大きくなるし、借入希望の金額も大きいためである。

　病院の設備投資資金に対する銀行審査のポイントは、「事業計画（利益計画、資金計画、償還計画など）の実現可能性」「借入金額と借入期間の妥当性」「担保の検討」にある。

　銀行が返済を検討できるのは事業計画上のキャッシュ・フローの数字しかない。銀行は1枚の事業計画書を審査して巨額な金額の貸付諾否を判断する。病院が本当に事業計画を計画通りに実現していけるのかが、審査の焦点になる。

　設備投資に失敗すると、設備投資は過剰投資に変化し、病院経営者は過剰設備、過剰人員、過剰債務の三重苦の解決にひたすら時間を潰していくことになる。

2　長期資金調達の特徴

　短期資金調達（第4章）と比較した場合の長期資金調達の特徴は、①返済資金の考え方、②中途解約不可──の2点である。

■（1）返済資金の考え方

　短期資金調達の目的は、例えば運転資金の場合、日常の病院運営上で発生する現金入金と現金出金の時間のズレを補充することにある。返済は月々の医業収益から、1年以内に

行われる。銀行の審査も、現在の医業収益からの返済に無理がないかを中心に行い、将来の病院の存続性などへの審査は特に厳しくは行わない。

　一方、病院が長期の資金調達をする目的は、病院の新設・改築や高額医療機器購入、情報システム導入といった設備投資を行うことにある。投資なので、資金投入による将来のリターンが期待されている。すなわち、キャッシュ・フローは長期間になる。

　この長期資金の「返済元本」は損益計算書のどこにも記載されていない。支払利息は営業外費用として損益計算書に計上されているが、元本返済は経費ではないので、損益計算上には出てこない。資金調達の初心者は、元本返済を損益計算書のどこからしているのかに戸惑う。

　長期資金の場合、返済資金は病院事業からのリターン（税引後き当期利益）と減価償却費により、毎回の約定返済を行うと考える＊。「税引き後当期利益＋減価償却費」を長期借入金返済のキャッシュ・フローという。なぜ、費用項目の減価償却費が返済資金になるかは47ページで説明している。

　減価償却費を返済財源と考えるのは、減価償却にて設備が減価する分、借入金返済が減るととらえ、投資資金を減価償却で回収して借入金返済に充てると解釈するためである。また、遊休不動産や収益物件の売却代金も（売却損益にかかわりなく）受取額すべてが長期借入金の返済資金になる。しかし、土地には減価償却は適用されないので、土地購入代金に伴う借入金返済は、その土地からの収益、土地売却代金、病院利益などを財源とする。

　病院は、同じ銀行からの借入でも短期資金と長期資金では考え方や返済方法が違うことを理解したうえで、借入相談時に返済方法を説明する（表5-1）。

　長期資金調達の場合は、借金をして投資する施設設備と雇用する従事者によって生み出されてくる「税引き後当期利益」と、借入金にて購入した設備の「減価償却費」の2つをもって借入金償還をするという事業計画、すなわち"将来の予定"への貸付となる。

　銀行は、長期融資の根拠となる事業計画書の内容と、病院が計画通りの利益を本当に計上し続けていけるのかの判定、そして、万一の場合に備えて担保の審査をしっかりと行う。病院から提出された事業計画書が甘い数字ではないか、希望的計画書、夢の計画書ではないかを厳しく審査する。

　以上を平易にいえば、長期借入では「①設備投資のお金を借りることができたらそのお金をすべて使ってモノを買いヒトを雇う。②計画としては、買ったモノと雇ったヒトを動かして利益を上げ、その利益と買ったモノの減価償却費の一部から借入金の元本返済をしていく。③病院は頑張って必ず事業計画書通りの税引き後利益を上げていくことを約束す

＊　長期借入資金の返済原資は、正確には"EBITDA（イービットダー、イービットディーエー、イービッタ、エビータなど読み方はさまざま）"の範囲内で返済する。EBITDAは"Earnings Before Interest, Taxes, Depreciation and Amortization"の略で、「利払い前税引き前利益」である。Depreciationは固定資産の減価償却費、Amortizationは無形固定資産（のれん代）の償却費のこと。計算式は次の通りである。
　EBITDA＝税引き前当期純利益（経常利益）＋支払利息－受取利息＋減価償却費。またはEBITDA＝営業利益＋減価償却費

表5-1　短期資金調達、長期資金調達での返済方法（銀行借入の場合、病院債は除く）

調達区分	短期資金調達	長期資金調達
例	運転資金・賞与資金・納税資金	設備投資
返済原資	毎月の医業収益（月商）から返済	今後のキャッシュ・フローから返済（＝事業計画書の税引き後当期利益＋減価償却費）
借入期間	①運転資金：月間医業収益× 0.7 × 2.5 程度 ②賞与資金：6カ月 ③納税資金：数カ月	①かつ② ①病院全体の借入金償還期間≦（既存借入金＋新規借入金）／（税引き後当期利益＋減価償却費） ② 10 年以内
最大借入額	①運転資金は月間医業収益× 0.7 × 2.5 程度 ②賞与資金・納税資金は支払い必要額	既存借入金を含めて事業計画書の「税引き後当期利益＋減価償却費」の7～10倍。ただし、バルーンの返済の場合はもっと多い（返済期日に残額一括返済）。

注）表5-1では、その病院の平均患者自己負担を3割としている（保険者負担7割）。2017年度の国民医療費における患者負担は11.6%であった。

るので、資金を貸してほしい」ということになる。

　したがって、病院が銀行に説明する要点は、①事業計画書（含む資金償還計画書）の内容と実行方法、②実現可能性、③万一計画通りにいかない場合にはどうするのか——の３点である。

(2) 長期借入金の中途返済は原則不可

　一般的には、「資金に余裕ができれば、借金は早く返してしまったほうがよい」と考える。しかし、長期借入金の場合、借入期間の途中で約定弁済以外の返済をすると、ペナルティとして違約金が発生する場合がある。借入時の契約書（金銭消費貸借契約証書）にて「銀行は期日まで貸す、病院は期日まで借りる」という時間の契約をしており、中途返済は契約内容を反故にすることになる。

　ペナルティ発生の理由を金融では次のように考える。

①銀行は、病院に長期間貸出す資金を銀行間資金市場から調達しており、紐付きである

②ところが、病院が中途で貸付金を返済すると、返された資金は銀行内で浮いてしまう

③そこで銀行は、病院から戻された資金の再運用先を探す。しかし、金融市場は金利が日々変動している。そのため、再運用の金利水準が、当初の銀行間資金市場から調達してきた金利水準よりも低い場合もあり、逆鞘が発生する

④その場合には、契約違反に伴うペナルティを病院に請求する（以上は金融での考え方の筋道であり、実務面での取り扱いは別である）

　中途繰り上げ返済が発生するのは、病院に余裕資金ができたとき、他に経済性・利便性

のある資金調達手段ができたとき、金利低下局面にて固定金利借入を継続するよりも借換することで調達コストが安くなるとき、経営破綻で返済請求がなされたときなどである。

　金利低下により借換すると病院にメリットが出る金利水準は、反対に銀行の再運用に損が出る金融環境である。ゆえに、病院へはペナルティが請求されるのである。

　このように、長期資金調達では「お金は返せば済む」が常識ではない。

② 長期資金調達の借入形態

　ビジネスにおいては金融専門用語が使用される。当然、知識がなければまごつく。病院スタッフも、銀行借入の事務手続きや専門用語を理解していると、資金調達の事務が段取りよくできる。本節では、長期資金調達における銀行借入の事務手続きを解説する。

1　金融における長期資金調達先

　金融では、短期資金調達は間接金融（Indirect finance）で、長期資金調達は株式または債券などの直接金融（Direct finance）で、と暗黙のうちに役割が分かれている。デリバティブ*¹の金利SWAP*²市場を活用すれば、短期資金の長期への転換はできる。しかし、SWAP市場でも、10年を超える取引との出会いはほとんどない。

　病院は株式発行による長期資金調達手段を持たず、病院債もほとんど実績がない。間接金融を業務対象とする銀行に、病院の長期資金調達のほとんどを担わせていることに、そもそも金融システム上のひずみがある。このひずみに対して、福祉医療機構が病院向けに超長期資金供給をして補完しているのが、現在の病院ファイナンスの世界図である。

2　貸付科目と契約書

　銀行は病院との融資取引の開始に際し、融資の基本契約書として「銀行取引約定書（銀取）」を2通作成する。契約のあと、病院と銀行が1通ずつ、各々で保管する。今日では銀行によって、銀取の条項、文言等が若干違う。

　銀行内の融資科目での長期貸付は「証書貸付（証貸）」である。証書貸付の返済方式には据置期間後に、元金均等返済、元利均等返済、期日一括返済、バルーン返済、その他の方法がある。病院は、その資金形態に適した方法を選択できる。元利均等返済以外では、利息支払いは、例えば3カ月ごとの先取りが通常である。

---

*1　デリバティブ（derivative）
　　預金や貸付、株式や債券の売買、外国為替取引など伝統的な金融商品あるいは取引から派生したものとして、一般に「金融派生商品」と訳されている。デリバティブ取引には、金利SWAP、先物、オプションなどがある。derivativeは「派生的な」の意。
*2　金利SWAP
　　変動金利の債務者と、固定金利の債務者が、金利支払いを交換する取引。SWAPは「交換する」の意。

　証書貸付では、契約書は「金銭消費貸借契約証書（金消）」が使用される。消費貸借契約とは借りたモノは費消して、返すときには借りたモノと同等同質のものであればよいという貸借契約である（「使用貸借契約」の場合は借りたそのものを返さなければならない）。したがって、金銭消費貸借契約では借りたお金と同じお札、コインではなく、同じ通貨で返せばよい。

3　期間

長期貸付の融資期間は5年、最長でも10年

　民間銀行による長期貸付の融資期間は通常5年程度、最長でも10年を超えない。この点は福祉医療機構の医療貸付事業とは大きく相違する。

　銀行が期間10年超の融資を避ける理由は4つある。

　第1に、金融市場やSWAP市場には10年を超える資金の出し手はいない。

　第2に、病院への融資金額は、マーケット取引をするにはあまりに小さい。そのため、銀行は病院への10年超の融資に対して資金ポジションをスクウェアにするカバー取引が行えず、好まざる資金ポジションを持ってしまう。

　第3に、10年超の将来における病院経営の状況を銀行の審査能力では判断できない。すなわち、現在は自己査定で「正常先」の債権区分であっても、10年超という超長期の期間においては、正常先から脱落する可能性がないとはいえない。不確定さや潜在リスクの大きさは、銀行が融資を避ける大きな原因となる。

　第4に、銀行内で行われる信用格付と自己査定がある。これらは詳細な区分定義や計算によって行われる。大まかな目安としてだが、病院の貸入金返済期間（「n値」）が10年超で、かつ「債務超過期間」が3年以上の場合、①「キャシュ・フロー」が黒字の場合は「要注意先」または「要管理先」、②キャシュ・フローが赤字の場合は「破綻懸念先」に分類される可能性が高い（n値が10年以内や、債務超過期間が3年以内は「正常先」）。

　ここでいうn値とは［（借入金－運転資金）／キャシュ・フロー］である。キャシュ・フローは［税引き後当期利益＋減価償却費－設備投資費］、債務超過期間とは［債務超過額÷医業利益］をいう。

　すなわち、借入期間が10年以内の借入ならば「正常先」に留まれる場合でも10年超に対しては、とたんに難しくなるし、病院の収支バランスが崩れると、すぐさま正常先から脱落してしまう。心理面でも数年で転勤していく銀行担当者は後輩に負の資産は残したくない。これらのことが10年超の融資を銀行が避ける理由である。

4　金利

■（1）長プラまたは新長プラによる金利設定

　貸付金利の決まり方を知らない理事長や病院スタッフも少なくない。金利への知識がなければ、銀行との金利折衝はそもそも難しい。しかし、個々の貸付に対する銀行からの適用金利の説明はどこにもない。

　銀行は、「長期プライムレート（長プラ）」または「新長期プライムレート（新長プラ）」に、銀行内の信用格付（債務者格付、案件格付）に沿った金利を付加して、病院への長期資金の貸付金利を決める。病院の格付が良好なほど、借入金利は低い。なお、新長プラは各銀行の最優良企業への長期貸付金利とされており、銀行によって金利水準は違う。

①過去の金利設定：長プラ

　日本では長年、長期貸付金利の基準金利として長プラが使われていた。長プラとは［5年利付国債金利＋0.9%］の金利である。長プラをベースに各病院のリスクプレミアムと銀行収益が付加されて借入金利が決定されていた。このように日本の長期金利は長期国債が長期金利体系を形成していた。

②現在の金利設定：新長プラ

　現在では、長期貸付金利のベースは長プラから新長プラに変わっている。1991（平成3）年から導入が始まった新長プラは、1981（昭和56）年1月23日以降、金利決定方式を総合的な調達コスト等をベースとした方式の新短プラ（72ページ参照）に連動する金利である（図5-1）。新長プラは、通常、「中期基準金利」と「長期基準金利」に二分される。借入

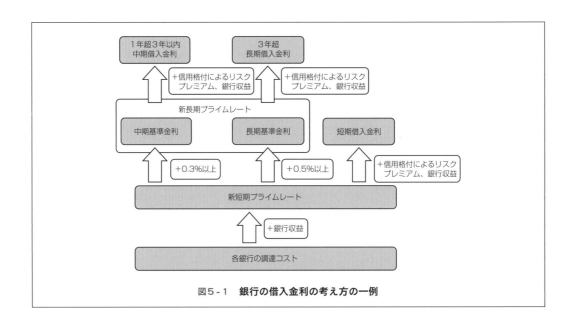

図5-1　銀行の借入金利の考え方の一例

期間が1年超3年以内は中期基準金利が適用され、［新短プラ＋0.3％以上］となる。借入期間が3年超は長期基準金利で、［新短プラ＋0.5％以上］である（ただし、銀行によって違う）。

　病院の借入金利は、中期基準金利または長期基準金利をベースにして、各銀行の信用格付をもとに算出したリスクプレミアムと銀行収益が加算されて決定される。

　長プラは［5年利付国債金利＋0.9％］と全国統一であった（ただし、国債の金利変更時に、変更後の長プラをいつから適用するかは銀行によって違う）。しかし、新長プラではベースになる新短プラ自体が銀行によって相違するため、新長プラも各銀行によって水準が違ってくる。新長プラはメガバンクが低く、銀行規模が小さくなるに順じて高くなる傾向がある。

▌（2）変動金利と固定金利

　株価や外国為替相場と同じく、金利も金融市場で日々変動している。長期資金調達における金利は「変動金利」か「固定金利」のいずれかの選択となる。

　変動金利は、例えば借入期間の利払日ごとに借入金利が見直され、その都度、新しい借入金利に変更となる。例えば3カ月ごとの利払日に、そのときの新短プラの金利水準から次回の利払日までの3カ月間の借入金利が決まる。

　固定金利は、借入日から返済期日まで、金融市場での金利変動にかかわらず、借入期間中ずっと同じ金利が適用される。

　通常（順イールド[*3]のとき）の金融市場では、借入当初（"足許"という）の病院の借入コストは、変動金利のほうが金利が低く有利である。しかし、変動金利には将来、市場金利の上昇につれて借入金利も上昇するという金利変動リスクがある。

　反対に固定金利には金利変動リスクはないが、将来、市場金利水準が低下する場合やデフレ（物価下落）が進んだ場合、同じ診療圏の競合病院対比において割高となってしまった借入コストを完済時まで支払い続けることになる。

　変動金利か固定金利かの選択は、病院の重要な経営判断事項といえる。しかし、借入時にどちらが得になるのかは誰にもわからない。また病院では、企業のような金利変動リスクへのヘッジ対策（変動の運用取り組みや、金利SWAP取り組みなど）は行っていない。

[*3]　順イールド
　　　縦軸を「金利（利回り）」、横軸を「期間」とし、償還までの期間（残存年数）の異なる金利（利回り）を線で結んでグラフにしたものをイールドカーブ（利回り曲線）という。このグラフ上で、右上がりの曲線を描くカーブを「順イールド」といい、市場において「将来、金利が上がる」と予想する人が多く、短期金利より長期金利が高くなる。順イールドのときは3カ月定期預金より1年定期預金のほうが預金金利が高い。反対の金融市場のときは「逆イールド」という。

5 返済方法

（1）元利均等返済と元金均等返済

　長期借入金の返済方法では、例えば3カ月ごとの「元利均等返済」か「元金均等返済」を病院が選択する。図5-2は、元利均等返済と元金均等返済における毎回の返済金の元本と利息の内訳を示したものである。

　元利均等返済方式では、返済当初には借入金残高はほとんど減少せず、借入利息ばかり支払っているような状況になる（しかし、返済期間の後半には借入残高は急速に減少する）。借入金支払利息は税務上、経費として損金計上できるため、元利均等返済方式はレバレッジ効果（病院の利益を先に繰り延べる効果）がある。

　病院は少しでも長い借入を希望するが、期間が長くなると毎回の返済額は少なくなり、借入元本はなかなか減少せず、通期での支払利息総額は大きなものになる。

（2）バルーン返済

　バルーン返済とは、借入期間よりも長い想定期間に基づいて算出した元利均等返済額（または元金均等返済額）を毎回返済し、借入期日に残っている元金を一括して完済する返済方式である（ティル・ヘビィ〈tail-heavy〉ともいわれる）。

　例えば、トータルの借入想定期間を15年とし、15年間かけて返済していくスケジュールで借入を行う（図5-3）。しかし、契約上の借入期間は5年であり、5年目の期日には残っている借入金を全額返済する。（5年後の銀行の審査を通過して）返済日に返済金額と同額で再度5年間の借入を取り組み、実質継続する（継続を期待する）というものである。ただし、5年後に借り換えが可能かは確実ではない。

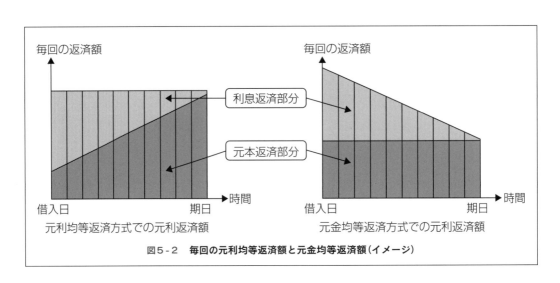

図5-2　毎回の元利均等返済額と元金均等返済額（イメージ）

① 病院の借入希望

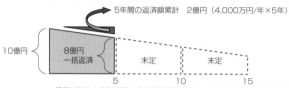

年間約定返済額（4,000万円/年）×希望借入期間（25年）

返済額累計

借入残高

10億円

5　　　10　　　15　　　20　　　25年

・銀行は毎年4,000万円、25年間の返済能力と、10億円相当の担保を審査する　⇒貸付期間が長く無理

② バルーン返済（例：5年後の期日一括返済とする）

5年間の返済額累計　2億円（4,000万円/年×5年）

10億円

8億円
一括返済

未定　　　未定

5　　　10　　　15

・銀行は毎年4,000万円、5年間の返済能力と、10億円相当の担保を審査する。
・期日には8億円を一括返済予定で借入（5年後に不動産売却等別途資金で返済、銀行での継続貸付など）
・5年後の期日に、継続して8億円を借りられるかは、その時点の銀行審査による。

図5-3　バルーン返済

③ 銀行における病院設備投資資金の審査内容

1　審査方法・基準、自己査定体制

(1)審査方法・基準

　民間銀行には、病院の設備投資に対する病院専用の審査方法や基準、ファイナンス・スキームは存在しない。同じく、例えば製鉄会社やコンビニエンスストアといった業界への融資検討でも、製鉄会社専用やコンビニ専用の審査の方法や基準はない(各種ローンを除く)。

　もちろん、審査においては業界・業種の特性が考慮されるが、すべての業界は同じ基準で審査が行われる。基本の審査方法でもって各業界の特性を考慮しながら対応していく方式が銀行では採用されている。

　なお、例外としてある業界専用のファイナンス・スキーム(ストラクチャード・ファイナンス)に船舶ファイナンス、航空機ファイナンス、不動産ファイナンスがある。

(2)自己査定体制

　銀行内の自己査定体制では、最初に財務諸表をもとにして「債務者格付」が付与され、融資対象としての諾否が決まる。その後に案件の事業計画の妥当性、融資返済の可能性等の調査・審査と「案件格付」がなされる。そして総合判断になる(第7章参照)。

　この自己査定算出においても病院用など、ある特定の業界専用の評価方法は採用されていない。すなわち、銀行では病院も一般企業と同じ土俵で、格付や審査がなされる。「病院は非営利で、公共性が高いから利益が低くても大丈夫」との審査基準や判断はない。

　病院は、以上の銀行審査体制の大原則を理解していておかなければ資金調達はおぼつかない。まず「債務者格付ありき」である。

(3)事業計画書の検討

　病院の設備投資計画への銀行審査は、事業計画書及び返済計画書の検討が主になる。計画書という紙切れをどれだけ信頼することができるかの検討である。

　具体的には、事業計画の資金フローの妥当性、各項目・各年度間の整合性、病院の事業計画実現可能性の審査である。

大きな設備投資は病院の存続とも裏腹である。事業計画書は、絵に描いた餅や病院の夢や理想であってはならない。

銀行はカネの「入りは少なく、出は多く」の視点で、事業計画書の査定を行う。長期融資は"計画"に対する融資であり、病院経営が計画書策定当初の計画通りにいかない場合も想定される。したがって、長期では担保の役目は重要になる。担保・見返り面は厳密に検討される。

また、個別病院を取り巻く環境、例えば経済情勢や病院業界動向、国の医療政策での方針に関する検討も加わる。バブル経済以降、企業は直接金融による資金調達で設備投資をしだした。銀行もメインバンクの座に固守するのをやめた。その結果、設備投資に対するかつての銀行の牽制は機能しなくなった。社債や債券発行体においては、民間格付機関の第三者格付が、銀行審査に代替するお墨付として登場している。

しかし、病院設備投資計画では、融資審査を通じた銀行のチェック機能がいまだ健在といえる。病院設備投資で、病院を牽制する立場は銀行（と福祉医療機構）だけである。建設会社、設計事務所、コンサルタント、医療機器メーカーなどにとっては、病院設備投資は大きなビジネスにつながる。これらの関係者は、病院が銀行から借りた資金で代金決済をしてもらえば、ビジネスとしては完了であり、設備投資への融資後に病院との長い付き合いになる銀行とは立場を異にする。銀行とは時間軸が違う。

銀行が客観的に審査を行ってリスクがあると判断する事業計画は、高い確率でその病院には適していないといえるだろう。その場合、病院は冷静になって、設備投資計画の再検討をする必要がある。病院を取り巻くステークホルダー（利害関係者）の中で病院の設備投資計画にストップをいえるのは銀行だけである。

取引銀行が不適切と謝絶した設備投資計画の案件を、病院が他の銀行からの資金調達にて実行しようとする場合、取引銀行が既存融資の全額回収を行うか否かは重要なポイントである。

▎(4) 長期貸付の検討項目

病院への長期貸付では以下の項目・内容が検討される。

①財務内容（過去と現在）

病院の過去の財務内容（医業収益、医業費用、医業利益、人件費、医薬材料費等の推移など）、現在の財務内容（新規設備投資ができる財務内容かなど）、関連施設・MS（Medical Service）法人の財務状況と連結財務、MS法人や理事長一族と医療法人の人脈・金銭関係。

②経営内容

事業主体は何か（個人か、医療法人かなど）、業歴、理事構成、出資者構成、病院経営内容（病床数、平均在院日数、病床稼働率、新患率、外来患者数推移などの各種病院経営指標）、診療圏調査（潜在的患者数、競合病院の状況、風評評判）、関連施設（各々の施設の経営、

人と財務の関係、MS法人）、理事長の人物（経営者としての能力・評判、後継者の有無）。

③投資事業計画（今後）

　事業計画書は誰が作成したものか、病院外部（ゼネコン、経営コンサルタントなど）が企画立案している場合、病院経営層は計画書の数字が理解できて腹におちているか、経営者（＝連帯保証人）と担保提供者は計画数字に責任を負うことへの自覚があるか、福祉医療機構の支援と事前審査状況、新施設での医療スタッフ確保、設計事務所・建設会社・経営コンサルタント・税理士事務所の顔ぶれ、国の医療政策方針との整合性、銀行提出以外の内部用事業計画が別途存在していないか、競合病院の今後の事業計画とのチェック（同地域の２つの病院が重複する投資・サービス展開を目指していないか）。

　なお、実際にそのプロジェクトを現場で推進して計画の数字を達成していく医長や看護師長、技師長等は、銀行に提出される病院が作成した事業計画書を見たこともなく、その存在すら知らないことも多い（予算制度のある企業とは風土が違う）。

④投資事業計画（資金計画、償還計画）の内容

　病院の事業計画では、「設備投資をすれば患者が増えて増収増益になり返済も問題ない」との絵が描かれる。銀行はその信憑性と実現可能性を審査する。

　病院は、投資事業計画の根拠になる診療圏の詳細な調査・分析・検討・戦略立案を通常は行っていない。病床数と従事者と最新医療機器を導入すると、それらが口コミでの評判というマグネットとなって、診療圏内の患者が引き付けられてくるという勘を頼りとしたシナリオも少なくはない。

　事業計画書には決まった形式はない。今回の病院のプロジェクト計画を明確に表すものであれば、銀行は受け付ける。

　事業計画書には、収支計画の主要要因と計画値、算出根拠を記載する。また、キャッシュ・フローの動きも表示する。サンプルを表5-2～3で示すが、これにこだわらず、もっと独自の要因分析などをしてもよい。計画期間は、一応は返済完了までであるが、５年程度以降の計画数値の厳密性や信頼性は薄いといえる。

　この事業計画書は、銀行への提出、審査が終わって融資が実行され設備投資が行われたあとも、実際の病院経営に活かされていくのかは、疑問である。銀行も融資実行後は返済が滞ることがない限り、事業計画書と実際の状況を照らし合わせてチェックしたり、計画書上の数字の達成状況を追及したりはしていない（それはその病院の経営責任となる）。

　また、設備投資でのイニシャル・コスト、例えば建築費内訳や医療機器の価格・維持費、薬剤購入費などの妥当性に対しては、銀行には詳細に査定する能力も時間もない。例えば病院建築費では、特にコストに厳格な民間病院と公立病院との間では同じ病床数の病院建築費に数倍ほどの差がある、民間病院間でも医療機器や薬剤の購入価格のバラツキが大きいといわれている。しかし、銀行は、その病院が事業計画書で掲げた設備投資のイニシャル・コスト等の金額は、その病院におけるコストとして受け入れて分析等を始める。

表5-2　事業計画書の例（院内処方の場合）

			R1/3実績	R2/3実績	R3/3予想	R4/3予想	R5/3予想	……	……	R12/3予想	R13/3予想
医業収益		A									
	入院収益	①×②×365									
	外来収益	③×④×年間診療日数									
	▲保険調整										
医業費用		B									
	人件費	総額人件費は対前年2%アップ（別表の人件費内訳計画表参照）									
	薬品費	対医業収益実績構成比による（A×15%）									
	医療材料費	対医業収益実績構成比による（A×10%）									
	委託費	対医業収益実績構成比による（A×3%）									
	管理費	対医業収益実績構成比による（A×5%）									
医業利益		C＝A－B									
医業外収益		D									
	受取利息										
	その他	対医業収益実績構成比による（A×1%）									
医業外費用		E									
	銀行支払金利	別表の借入金返済計画表から転記									
	病院債支払金利	別表の病院債償還計画表から転記									
	その他	対医業収益実績構成比による（A×2%）									
経常利益		F＝C＋D－E									
法人税等		G＝F×37%									
税引き後当期利益		H＝F－G									
①平均入院患者数（人／日）		（稼働病床300床、病床利用率●%）									
②入院患者単価（1人1日・円）		（実績値・計画値をインプット）									
③平均外来患者数（人／日）		（実績値・計画値をインプット）									
④外来患者単価（1人1日・円）		（実績値・計画値をインプット）									

　なお、将来のキャッシュ・フローを現在価値に評価換算してプロジェクト採用の諾否を判断するDCF（Discounted Cash Flow）法は、日本の病院の資金調達では採用されていない。病院が作成した事業計画書のキャッシュ・フロー実現の不確実性が高いためである。また、何を割引率として採択するかの課題がある。病院の融資に対してDCF法を採用するには、融資条件に財務制限条項等のコベナンツを導入し、計画値実現への信頼性を高める必要があろう。

表5-3　返済キャッシュフロー計画書

		R1/3実績	R2/3実績	R3/3予想	R4/3予想	R5/3予想	……	……	R12/3予想	R13/3予想
税引き後当期利益	A									
減価償却費	B									
キャッシュフロー(CF)	A＋B									
借入金返済額	借入金返済計画表から転記									
病院債償還額	償還期限（R●/●）に一括返済									
賞与資金借入	（期末残高）									
新規設備投資資金借入	（期末残高）									
期末借入残高	前期末借入残高－期中返済額＋期中借入額									
対医業収益・期末借入残高	期末借入残高／医業収益×100									
借入金残高／CF	n値（借入金償還年数）									

　事業計画書に対する銀行の検討項目は以下の点である。

①医業収益の増加は、「患者数増加」と「一人当たりの医療収益増加」によってもたらされる。「患者数増加」においては、特に外来患者数増加による外来収益増加によって計画書の辻褄合わせをしていないか。このケースは安易なので非常に多い。現在は、人口減少、地域医療体制における在宅化推進により、外来患者数は漸減していく時代になっている。「一人当たりの医療収益増加」の方策として、平均在院日数短縮や看護配置強化、医師事務作業補助者配置などの診療報酬点数加点項目が増加の根拠にされる。それらは設備投資をしようとする誘因、動機ではあるが、設備投資の期間に対して時間的には短期の項目である。外来増や病床数、病床利用率を確保しての平均在院日数短縮とは診療圏内の他の病院の患者を奪取することによって達成される（本当にできるのか）。

②今後10年以内に発生する、本件以外の設備投資資金（例：既存病棟・老健の改築改修、医療機器の更新、新設施設計画等）が事業計画に織り込まれているか、設備投資に伴う増加運転資金は織り込まれているか（設備増による人件費やメンテナンス費用、水道・ガス・光熱費などの費用増加が計画に盛り込まれているか）

③借入金利水準の見積りは低くないか（金利上昇リスクを織り込んでいるか）。

④借入金返済額はキャッシュフロー（税引き後当期利益＋減価償却費）の範囲内か。借入返済後のキャッシュフローに余裕はあるか。余裕がなければ、病院の今後は、借金返済がすべてであり、その他の事業展開は一切ないということになる。つまり、借金返済が病院事業となる。医業収益が増加して利益が上がる計画であっても、借入金の元本返済で資金繰りに苦しむ内容ではないか。利益が減ると返済は延滞し、不良債権化する。

⑤診療圏内の他の病院や診療所の設備投資、提供サービス拡大などの動向を把握し、それは計画書に盛り込まれているのか。病院は、自院の医療サービス供給拡大計画の立案時

に、需要側の拡大を当然の前提としている。しかし、診療圏内の医療サービス需給量の予測(マーケット予測)は行っていない傾向が見られるので注意が必要である。競合病院が同じ時期に同じサービス展開の計画を他の銀行との間で相談していたりする。銀行は、今回の貸付案件における返済判定に焦点を合わせた審査を行うのであって、病院が事業計画書に盛り込まなかった今後の事業展開に対しての配慮は一切ない。余裕資金があれば銀行は返済に充当させる。

⑥資金調達の確保(取引銀行の支援状況、全体の資金調達の可能性)、福祉医療機構からの調達額と審査進捗状況。

2 経営者の審査

　銀行にとって、設備投資への長期融資は、病院の"計画"に対する貸付である。事業計画書の内容を見ることができれば、次は計画の実現可能性が一番重要になる。

　病院で事業計画を実行するのは理事長、または病院長である。特に民間病院ではオーナー的経営形態も多い。病院の経営は、経営者の経営能力・判断・力量により大きな影響を受ける。

　理事長や病院長は医療提供に強烈な使命感を持っている場合が多い。しかし、経営能力・経営技術は不足している場合もあり、それを補佐するスタッフの不足が加わると、過剰設備投資計画と甘い資金返済計画の立案になることが多い。

(1)経営者の審査

　「企業は人なり」といわれるように、銀行は経営者の経営能力もチェックする。経営者能力の判定は定性評価で行われるので、スコア化などによる数字にはしない。具体的な銀行の経営者審査は、銀行支店長が病院理事長と面談し、融資する先として信頼できる人物かを見極める。また、病院宛融資の稟議を書く担当者や融資課長の判断(審査感覚)も影響力が大きい(69ページ参照)。

　経営者能力の評価は、稟議書に書かれた所見やその行間に表われる。銀行は、経営者の信頼性、実行力、リーダシップ、先見性などを重視する。

(2)理事会メンバーの審査

　理事会メンバーに対しては、役職、氏名、年齢、担当職務、学歴(出身大学医局を含む)、経歴、兼業、理事長との血縁関係、能力、平均年齢および理事会メンバーの配置バランス、などの審査が行われる。

　地方銀行は後継者の有無を重視する傾向がある。"相続"は"争族"ともいわれ、身内の紛争につながる例が多い。銀行は、オーナー的経営の病院の血縁関係に注意する。

　社員メンバーには注意する。社員総会での投票は、出資額に関係なく1人1票の多数決である。オーナー理事長が死亡した場合に、（社員が1名減少した構成で）社員総会の多数決で誰が次期理事長になるかは、最重要項目としてチェックされる（非オーナー一族による病院経営権の乗っ取りが発生する可能性があるため）。

　銀行の支店は、地元の有力者や経営者とは懇意であり、銀行員が彼・彼女らから病院や理事長の評判や風評を集めるのは困難ではない。評判を参考にしつつ、直接経営者に会って判断をする。銀行内で病院と理事長の評価をするのは、取引支店の担当者、融資課長、支店長の3名である（銀行の役員ではない）。また、病院への融資が焦げ付いた場合の引責もこの3名である。

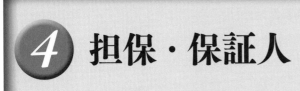

4 担保・保証人

1 銀行借入と担保

　銀行から長期の融資を受ける場合、担保提供が前提条件になる。銀行が担保を要求する目的は、貸付金の回収が不可能になった場合に、担保処分によって貸付元本、利息、違約金などの回収をするためである（福祉医療機構での担保については113ページを参照されたい）。

　しかし、銀行は、貸付金の債権保全に対して、担保には絶対的な信頼をおいていない。担保処分には時間もコストもかかるし、延滞貸付額以上で処分できる保証はない。

　そもそも銀行とは、たとえ１％の危険性でもあれば融資を避ける組織である。当初から担保処分の可能性がある融資を、銀行は絶対に行わない。銀行員は決して融資案件として採り上げない。したがって、担保があるとの事由で銀行が融資することもない。担保が十分にあっても返済原資と返済方法が明確でないものは、融資検討の対象にはならないのである。

　銀行が病院に融資を謝絶する理由には「担保不足」が使われる。しかし、本当の理由は審査での優先度・重要度が高くない担保ではなく、病院の財務内容や事業計画が見られないことにある。ましてや病院経営が赤字だと、担保以前の問題である。病院は、融資への謝絶の本当の理由が担保の問題ではなく経営状況にあることを認識する必要がある。

　長期資金調達にとって担保は必要条件であるが、十分条件ではないといえる。

　担保要求に対する銀行の論理は「病院の事業計画を信用していないから担保を取るのではなく、信用しているからこそ融資をする。病院が事業計画通りに利益を上げて、借入金の返済をする自信と決意があるのならば、その証拠として担保を出してほしい」というものである。実務的には、病院への長期融資に対して相応の担保がない場合には案件格付が悪くなり、融資案件としての採り上げが困難になる。

2 担保の種類

　担保は「物的担保」と「人的担保」（保証人）に二分される。

　物的担保とは、「物」または「権利」のうえに物件的な優先権を確保するものである。例と

しては不動産(建物、土地)担保、動産担保(医療機器等)、有価証券(国債等)、債権担保(銀行預金、診療報酬請求額)、無体財産権担保(特許権等)がある。

　病院の借入では不動産担保が一般的であり、不動産に「抵当権(根抵当権)」を設定する。「不動産」とは建物と土地を指す。抵当権では、担保提供後も病院は建物や土地を占有して引き続き使用することができる。根抵当権は、一定の事由が発生しときに被担保債権の元本額が確定し、その後に発生する元本債権は担保されなくなる。

3　病院の担保提供手続き

　銀行との根抵当権の契約は「根抵当権設定契約書」にて行う。

　病院の定款や寄附行為には、通常「基本財産は担保に供してはならない。ただし、特別の理由ある場合には理事会および社員総会の議決を経て、担保に供することができる」との記載がある。したがって、銀行への担保差し出しに先立って担保提供に対する理事会と社員総会の議決が必要となる。

　銀行は定款、寄附行為の条文と理事会と社員総会の議事録で「担保提供」の意思決定が正しくなされているかを確認する。担保設定の登記は、"銀行"が行うのではなく、"病院"がする。病院が担保用物件に担保設定の登記をして銀行に渡すという形である。事務的なことは司法書士に一任すればよい。

4　病院不動産の担保評価

　不動産の担保価格は図5-4の式で計算される。

　貸付額に対し、担保価格で何パーセントがカバーされるのか、それが融資検討での課題である。以下では不動産評価額、掛目、担保価格について見ていく。

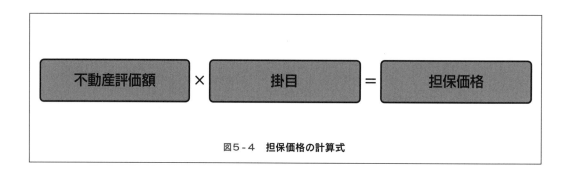

図5-4　担保価格の計算式

▌(1)不動産評価額

　同じ不動産に対しての不動産評価額は、一物四価とも一物五価ともいわれるほどたくさんある。例えば、同じ土地でも額の高い順に、売り希望額、時価(呼び値)、買い希望額、公示価格、標準価格、路線価、固定資産税評価の各種土地評価が存在している。

　病院は、自分の土地の評価を「売り希望額」で考えて資金調達の前提にする。しかし、金融実務での不動産評価額には、モーゲージ(Mortgage)評価額が使われる。

　モーゲージ評価額とは、銀行または不動産鑑定会社が対象不動産物件を現地確認、基準土地価格などの資料分析、実査、近隣不動産業者への照会などによって総合判断した不動産評価である。

▌(2)掛目

　「不動産評価額」に「掛目」を掛けて「担保価格」が算出される。

　本来は、掛目には個々の不動産の条件(種類、場所、形状、面積、土地の用途、地目、上屋の有無・状況、道路付けなど)が反映されるものであろう。しかし、銀行の実務では、各銀行の本部(融資企画部等)が決めている不動産種別ごとの掛目が使用される。一般的な不動産の掛目は6～7割程度である。

▌(3)担保価格

　算出された「担保価格」とは、銀行が融資審査に使う担保としての不動産の価格である。

　病院は、例えば最近10億円で購入した土地は、当然10億円の担保価値があると考える。しかし、モーゲージ会社が行った「不動産評価額」は8億円かもしれず、掛目を7割とすると担保価格は5.6億円である。このように病院が考える「担保価格」と銀行が算出した「担保価格」には、大きな乖離が発生する。「担保価格」とは、銀行が即刻処分できる価格、すなわち叩き売るときの値段なのである。

　なお、審査で使う担保価格と「根抵当権設定額」は別のものである。銀行は、担保価格5.6億円に5.6億円以上の根抵当権を設定することもあるし、先順位が10億円あり担保として受入れて実質上価値がなくても後順位で抵当権設定をすることもある。病院は自分が鑑定料を支払うモーゲージ評価額は知ることができる。しかし、掛目や担保価格は銀行からは教えられない。

5　病院の土地

　病院所有の不動産は処分が難しく、担保には適さない物件が多いのが特徴である。

　建築基準法に基づく制限(用途地域)における病院への用途制限規制は大変甘く、"日本

中ほぼどこにでも、病院は建てることができる"ともいえる。

病院の用途制限のある用途地域は、①第1種、第2種低層住宅専用地域、②工業地域、③工業専用地域である。なお、診療所には用途制限のある用途地域はない。

また、都市計画法第7条での「市街化調整区域」にも病院は建てられる。市街化調整区域とは、役所の用語で、市街化への開発がなされる区域ではなく市街化を抑制すべき区域を指す。開発行為は原則として抑制され、水道・ガス・下水等の都市施設の整備は期待できない。市街化調整区域は格段に地価が安く広い土地が入手できることから、この区域に建っている病院は多くある。郊外にある病院である。

しかし、市街化調整区域の土地は、銀行では"担保評価の対象外"であることを、病院は十分に認識しておく必要がある（不動産業者はこのことをいわない）。担保価格がゼロなのではなく、そもそも担保評価を行う以前の評価対象外不動産なのである。

市街化調整区域に建つ病院は、「数年前に20億円で購入した自院の敷地＊は地価相応の担保価値はある」と考える。銀行は、市街化調整区域の土地にも抵当権は設定する。もちろん、不動産としての価値はある。しかし、銀行審査では、市街化調整区域の不動産担保を担保額に算入しない。市街化調整区域の病院が倒産した場合に、建物を取り崩して住宅地として転売することもできず、不動産の流動性が著しく損なわれているためである。

6　病院建物

病院の建物は特殊用途の構造であり、病院以外への利用は極めて難しい。病院には一部室料差額というホテルフィー的な収益はある。しかし、商業ビルのように構造物と機能提供から収益が生み出されるのではなく、病院の収益は建物設備（ハード）と医療サービス（ソフト）の両方が一体となって生み出されている。

病院設備（ハード）の売り先は、医療サービス（ソフト）が行える同業の病院にほぼ限定される。一般的な流通性がなく、売却不動産の処分価格は格安となる。基本的には担保になっている病院の不動産は、病院破綻後には売却されて建物を取り壊わし、新しいビルに変わることになる。

また、更地状態にする場合には、建物撤去や整地、土壌汚染調査に追加の費用がかかる。特に大規模病院は、担保、または処分売却の観点では課題が多い。病院敷地は病院が建つ以前は一部が沼や墓地であったなど、マンション等の地所としては適さない場所も多い。

＊　（余談であるが）アメリカの病院のホームページでは、大学病院ではない病院が敷地を"Campus"と表現している事例を見かける（例：メイヨー・クリニック。ただし、メイヨー・クリニックは優秀で小規模の大学院は持っている）。アメリカでも病院敷地をCampusということは言葉の新しい使い方の模様である。日本でも将来には病院敷地をキャンパスと呼ぶ例も出てくるであろう。

7　福祉医療機構との抵当権順位の問題

　福祉医療機構と銀行の両方から資金調達をした場合には、物件への抵当権は原則として福祉医療機構が先順位となり、銀行は後順位になる。病院は銀行への説明と後順位に対する承諾が必要である。これは病院資金調達を進めるうえでの大きなポイントである（113ページ参照）。

8　連帯保証

■（1）銀行取引における保証

　民法の保証には「保証債務」と「連帯債務」があり、福祉医療機構や銀行借入では「連帯保証」が利用される。連帯保証人には、法人の代表者、例えば医療法人では理事長が要求される。組織の代表者には、組織の債務への連帯保証を求められるのが日本の国の金融慣行である。

　銀行と与信取引を行うときに交わす「銀行取引約定書」には、保証人は「本人（＝債務者）と連帯して保証債務を負う」と明記されている。連帯保証の場合には、債務者（病院）と連帯保証人（通常は理事長）は平等に連帯して債務を負担する。銀行は病院と理事長のどちらに対しても、債務の弁済請求ができるし、財産に強制執行することも合法である。理事長は、「まず病院を先に請求してほしい」とか、「個人財産より前に病院の財産を処分してほしい」ということはできない。このように連帯保証人の責務はとても重い（一方で個人に債務を負わせることから、日本の中小企業の借入金利は、そのリスク対比、低いという面もある）。

　オーナーならまだしも、いわゆるサラリーマン理事長や病院長にとって病院の借入額は、あまりにも巨額であり、連帯保証人になることへの抵抗がある。借入がある赤字病院の理事長には、怖くて成り手が出てこなくなる（ちなみに国公立の病院・療養所や国公立の大学附属病院では施設長の保証は不問である）。

　ところが、連帯保証人が負う大きな責任に対して、民間病院や私立大学附属病院は連帯保証人の理事長に保証料を支払っていない（病院や大学も、各都道府県の保証協会に対しては保証料を払う）。

　連帯保証人の責務の重さを批判する世論も多いし、事業に失敗した多くの自殺者も出ている。一般市民である個人の理事長や病院長に対する病院債務の連帯保証は今後、検討の余地があろう。

■（2）保証人審査と保証契約

　銀行内では保証人予定者の審査が行われる。未成年者、成年被後見人、準被保佐人は保

証人にはなれない。保証人には資力と信用が必要であり、審査では資産証明書や登記簿謄本の提出が求められる場合もある。万一の場合には原則一括弁済であるために、所得証明書ではなく資産証明書による審査が行われる。

　銀行は、必ず複数の銀行員の面前にて、保証人本人から、本人確認、保証内容確認、保証意思確認を行ったうえで、保証人本人から保証契約書の署名捺印をもらうことを行内ルールで厳しく規定している。銀行は万一の保証意思否認の争議の場合に備え、保証時の同席者、場所、時間、天気、会話内容、服装、ネクタイの柄などを保証意思確認記録書に記録している。

　民法上、保証契約は当事者同士の合意(例えば口頭)のみで成立する諾成契約であることから、保証人の保証意思表示が一番重要である。しかし、後日、保証に合意「した」「しない」というトラブルを避けるために、実務上は双方の合意のあとに保証契約書を交わす。しかし、契約書は保証契約成立の証拠として示す二次的なものであるため、銀行は諾成契約時に複数の銀行員の面前での契約をルール化している。

▍(3) 保証人の責務

　保証人は、法的には理事長や病院長という"役職上"の保証人ではなく、"個人"として債務を保証する。また、保証契約は保証人(理事長等)と債権者(銀行)の意思表示の合意を持って成立するのであって、債務者(病院)は関与しない。それゆえ、病院は保証契約書に署名捺印をしない。理事長が保証をした病院を後日退任しても、それは理事長と病院との関係であって、保証契約の理事長と銀行の関係に影響はなく、法的には理事長退任に伴って自動的に連帯保証人の責務が消滅することはない。

　保証債務内容は病院の借入債務であるが(「付随性を有する」という)、保証は借入とは別の独立した債務である。これらは保証人にとって、とても重要なポイントである。

　保証人が死亡しても原則、保証債務は消滅しない。法は、保証人死亡により保証債務が消滅し、債権者(銀行)が不測の損害を突然被るのを防止する立場である。相続では財産の「債権」と「債務」の双方が継承され、保証責務も相続対象になる。保証人の死後3カ月以内に、「相続放棄」をしない限り、相続人は被相続人の権利と義務を継承する。

▍(4) 保証人への説明

　保証人になるのには、意思表明と保証書への署名捺印だけである。資金をすぐに出すこともない。保証人を頼まれると、自分は信頼され頼りにされていると思い、悪い気はしない。しかし、「形の上だけの保証人」といわれて保証すると、あとで「知らなかった」とはいえないのである。ハンコを押すのは一瞬であるが、保証人を降りるのは困難である。連帯保証人は、何もなくても心配が続く。何かあると大変である。ハンコを押す前に家族会議を開いて家族全員の同意を得ておいてほしい。ビジネスで痛恨の極みを感じるのは、不渡

手形を掴まされたときと連帯保証人の保証債務実行である。無念で慙愧に堪えない。どちらも倒産がらみだ。

　新しく就任予定の理事長や病院長には、事前に自院の債務額と保証人として引き継いでほしい保証内容を説明するのが病院の良心である。また、理事長等の交代の際には、病院は速やかに銀行の保証人変更手続きを行う。手続きを漏らせば、退任後でも退任者が個人保証を背負っていることになる。

　なお、担保、保証に関する詳しい事項については、弁護士に確認されたい。

▌（5）2020年民法改正による連帯保証人制度の変更点

　従来の連帯保証人制度では、主債務者（借入人本人）が破産した結果、連帯保証人が自己破産をしたとか、家屋家財のすべてを失ったとか、多額の借金を背負うことになった、という悲劇が発生していた。

　2017（平成29）年5月に成立した「民法の一部を改正する法律」が2020（令和2）年4月1日から施行された。民法の債権関係規定は、1896（明治29）年の民法制定以来の改正であった。約120年ぶりの改正では、連帯保証人制度は廃止されないが、個人の保証人へのルールが以下のように大きく変わった。①極度額（上限額）「〇〇円」などと明確に定めていない個人の根保証契約は無効、②保証人の破産、主債務者または保証人の死亡といった特殊な事情が発生した場合は、その後に発生する主債務は保証の対象外、③個人が事業用の融資の保証人になろうとする場合には、公証人による保証意思確認手続きが必要、④保証人になることを主債務者が依頼する際には、財務情報提供が必要――である。

問題 1 　長期資金調達のポイントについて、次の選択肢のうち誤っているものを1つ選べ。

[選択肢]

①民間銀行による長期貸付の融資期間は、通常は5年程度だが、最長では20年を超えるものもある。

②設備投資計画書記載の「当期税引き後当期利益＋減価償却費」が毎年度の返済可能な上限額であると考える。

③銀行は、病院が作成した中長期事業計画書（設備投資計画書）の内容と実行方法、実現可能性、万一計画通りにいかない場合はどうするのかを審査する。

④借入契約は「金銭消費貸借契約書」という証書形式で行われる。

⑤契約期限到来前に返済（期限前返済）をすると、ペナルティが発生する場合がある。

確認問題

①

①×：通常は５年程度、最長でも10年を超えない。

②○：選択肢の通り。

③○：選択肢の通り。

④○：選択肢の通り。

⑤○：選択肢の通り。

第6章

デット・ファイナンス①
福祉医療機構からの資金調達

1 福祉医療機構とその歴史
2 医療貸付事業の概要とポイント
3 医療貸付事業活用のメリット
4 利用上の注意点

貸借対照表

| 資産
(asset) | 負債
(debt) | デット・
ファイナンス |
| | 純資産
(equity) | |

簿外債権・債務

福祉医療機構とその歴史

1　福祉医療機構からの借入

　設備投資資金の借入では福祉医療機構の無格付・超長期・低金利の「医療貸付事業」を第一に検討する。

　福祉医療機構は、国の医療インフラ整備政策を資金面から推進する役目も担っている。金利は政策金利であることから通常は民間銀行よりも低い。

　以下では、医療福祉機構からの借入説明を行うが、併せて長期資金調達に関する一般的な知識の解説も行う。

2　福祉医療機構への歴史

　日本では、1961 (昭和36) 年に強制保険として医療保険は国民皆保険となり、医療の整備充実が図られた。当時は無医村も多く、政府は民間医療機関を主軸にして、医療の量的拡大を推進する。前年の1960 (昭和35) 年には医療機関に長期かつ低利の融資を行う「医療金融公庫」が設立され、病院設備の整備構想段階から国の指導体制が敷かれた。

　1985 (昭和60) 年に医療金融公庫は福祉系の社会福祉事業振興会と統合し、「特殊法人社会福祉・医療事業団」に改組される。この社会福祉・医療事業団は保健・医療・福祉分野を専門とする唯一かつ政府系金融機関として、国の医療インフラ整備政策実施を担ってきた。

　2001 (平成13) 年には年金福祉事業団の貸付事業も引き継ぎ、日本赤十字社、恩賜財団済生会、北海道社会事業協議会、厚生連、医療生協等の病院も貸付事業対象になった。

　2003 (平成15) 年に政府全額出資の「独立行政法人福祉医療機構」に改組され、今日に至っている。福祉医療機構は略称でWAM (Welfare And Medical Service Agency) という。日本の病院融資に対しては、最大の貸付残高と人員を誇っている。

② 医療貸付事業の概要とポイント

1 医療貸付の概要

　福祉医療機構は福祉貸付事業、医療貸付事業、その他の事業を行っている。本テキストでは、医療貸付事業を解説する。

　医療貸付事業の概要を表6-1に示し、以下でポイントを説明する。

　他の資金調達とは違い、福祉医療機構の医療貸付事業は『融資のごあんない』という冊子で懇切丁寧に説明されている。最新版を福祉医療機構のホームページなどから入手して読むこと（また、医療貸付事業での最新の金利、条件も福祉医療機構のホームページ等で必ず確認のこと）が大切である。

表6-1　病院への医療貸付の概要

資金種類		融資対象	利率	償還期間	うち据置期間	融資額
新築資金		・病床不足地域の新設の場合 ・特殊診療機能病院等地域の事情により特に必要と認められる新設の場合	WAM のホームページで都度確認	耐火20年超30年以内 その他20年以内	3年以内 2年以内	●限度額 ・建築資金720百万円（別途加算項目あり） ・「標準建設費」の80%以内（別途加算項目あり） ・土地取得資金300百万円
増改築資金	甲種	・病床不足地域における増改築の場合 ・増床を伴う特殊診療機能病院等の増改築の場合		耐火20年超30年以内 耐火20年以内 その他15年以内	3年以内 2年以内 2年以内	
	乙種	・病床充足地域における増改築の場合		耐火20年超30年以内 耐火20年以内 その他15年以内	3年以内 2年以内 2年以内	
長期運転資金		・経営安定化資金		5年以内	1年以内	●限度額　100百万円

（独立行政法人福祉医療機構『2020年度医療貸付事業融資のごあんない』p.9より抜粋作成。
注：原表には各種条件、加算枠の詳細、貸借の場合、その他注意事項などが記載されている。上表は概要把握用として利用し、
　　詳細は必ず原表で確認のこと（http://www.wam.go.jp/hp/wp-content/uploads/iryou_yuushinogoannnai.pdf

　本テキストでは、福祉医療機構の医療貸付事業をコアに考え、残りを自己資金と銀行借入で補充することを長期資金調達の基本スタンスとする。福祉医療機構からの低利、超長期間の借入をコアにする事業計画および借入金返済計画にしなければ、計画立案は相当難しくなると推定されるからである。

　福祉医療機構は政策系金融機関であり、市場経済を基盤とする民間銀行とは違った貸付ルールやシステムもある。病院にとって、債務者格付がなく、超長期、低金利などのメリットもある。しかし、融通がきかないルール（法律）により利用しにくい面もあり、そういう箇所は銀行借入にて対処する。

2　医療貸付事業のポイント

(1)対象施設、対象者

　融資対象施設は病院・診療所・介護老人保健施設などである。融資対象者は個人、医療法人、民法法人、社会福祉法人、学校法人の一部などである。同じ法人でも施設によって、医療貸付事業にあたるか福祉貸付事業にあたるか相違する（例えば、高齢者福祉施設は「福祉貸付事業」にて対応されている）。

　なお、500床以上の病院は、5疾病5事業等に係る医療連携体制の整備等に限られている。

(2)窓口

　医療福祉機構は、東京本部または大阪支店および沖縄振興開発金融公庫が窓口となる「直接貸付」と、金融機関が代理店となる「代理貸付」に二分される。

　窓口が東京（東日本地域担当）と大阪（西日本地域担当）、沖縄（沖縄県担当）しかなく、地方の病院には不便である（地方での巡業説明はされている）。代理店は銀行（全行）・信用金庫（一部）・信用組合（一部）・商工中金である。

　ちなみに、福祉医療機構に限らず、金融機関に借入を相談するのに「紹介者」「紹介状」「口利き」「幹旋」は一切不要である（日本政策金融公庫で経営改善貸付を利用するときは、商工会議所会頭、商工会会長などの「推薦状」が必要）。有力者の紹介状もいらないし、金融幹旋業者の紹介も必要ない。金融機関に相談するのに紹介幹旋料は存在しない。病院が自ら、資料を持って金融機関の窓口に行き相談する。

(3)金利

　借入金利はすべて固定金利。利率は施設種類、償還期間等によって異なる。償還期間が10年以内の利率は一律で、10年超の場合には、1年ごとの利率が決まっている。

（4）返済方法、利払い

据置期間後、元金均等または元利均等返済で利息は元金償還方法に準じた後払い。約定返済元利金の返済は、従来は毎回、振込にて返済する方法しかなかったが、2009（平成21）年から指定銀行口座からの引き落としも選択できるようになった。

（5）特定病院

「特定病院」とは福祉医療機構独自の定義である。例えば、法人が開設する地域医療支援病院、大学病院、臨床研修指定病院などが特定病院である。特定病院の基準を満たす病院は、融資優遇策の取扱対象となる。例えば、融資限度は一般の7億2,000万円から12億円に増額され、特に必要と認められる場合には12億円を超過する貸付も検討される。

（6）建築資金

新築資金・増改築資金の融資額の算定は、［所要額（建築工事費と設計監理費）×融資率（％）］で計算される。融資限度額の上限とか、担保評価額の80％以内等の条件がある。

（7）土地取得資金

病院の新築資金、甲種増改築資金（増床、移転）などに伴う場合には融資の対象になる。しかし、土地のみの取得資金は貸付の対象外である。

増改築の貸付金は福祉医療機構の算定は、［所要額（土地の取得費と整備費）×融資率（％）］で計算される。融資率は建築資金の融資率が適用になる。上限は3億円である。

（8）担保

担保は所有者を問わず以下に該当する物件の担保提供が必要。
①融資対象の施設および事業運営に利用する物件の担保提供（原則、抵当権は第1順位）
②①の敷地上に建築する（存在している）すべての建物
③①の敷地上に設定する（設定している）地上権

（9）保証人

保証人不要制度と個人保証のいずれかを選択。保証人不要制度を利用する場合には、貸付利率に一定利率が上乗せになる。

③ 医療貸付事業活用のメリット

　民間銀行と比べた場合の福祉医療機構からの借入のメリットは、以下の4点である。

1　病院への信用格付がない

　福祉医療機構は貸付の審査において、民間銀行のような信用格付体制（債務者格付、案件格付）は採用されていない。福祉医療機構は銀行ではなくノンバンクであり、為替決済機能は持たないので、国際決済銀行（BIS：Bank of International Settlements）や金融庁の自己資本比率規制に対処する必要はない。

　したがって、自己査定の思想はなく、医療政策の視点での業務や審査が行われる。すなわち、個々の病院の財務内容の良否にかかわらず、審査をパス（福祉医療機構では貸付内定という）すれば、金額や条件（期間、金利など）に区別なく、どの病院に対しても一律の同じ条件となる。そしてその一律の条件は、どの病院にとっても民間銀行よりも好条件である。

　審査方法は個々の案件内容を詳細微密に検討していく方法ではなく、所定の評価表に基づくスコアリング方式だと推測される。

2　超長期の借入期間の選択が可能

　福祉医療機構の医療貸付事業では、10年超の借入期間も可能である。また、案件によっては30年間の借入期間も許容される。福祉医療機構が超長期間の貸付が可能なのは、貸付金の財源が、独自で金融市場から調達してきた資金ではなく、主に政府の財政投融資の資金だからである。

　一方、民間銀行では期間10年超の融資は容易ではない。これは10年超の資金市場やSWAPマーケットは薄く、10年超の貸付に対するカバー取引ができないという金融システムの構造上の事由による。民間銀行で10年超の貸付の場合、短期調達・長期運用という形で資金ポジションがミスマッチしていることが多く、銀行にリスクが伴う（するとその分、貸出金利は高くなる）。

3 据置期間が長い

　借入日から元本返済開始日までの間に時間の猶予があれば、病院の資金繰りは楽になる。この猶予期間を据置期間という。民間銀行での設備投資借入でも、３カ月や６カ月の据置期間を設定する。福祉医療機構の医療貸付事業の据置期間は、最長２年間の場合もある。

　２年あれば、工事着工した施設が完成し、テイクオフした業務も安定的な水平飛行に移っていく時間があり、病院には余裕ができる。

　なお、据置期間には元本の返済はないが、利払日ごとに借入利息の支払いは必要である。

4 低水準の貸付金利

　福祉医療機構の金利は政策金利であり、取り組み時点では病院が選択できるもっとも低い借入金利である。

　福祉医療機構は、国の福祉医療政策の遂行を貸付から推進する目的の機関である。出資は全額政府（4,122億円、2020［令和２］年４月末現在）であり、金融による利益確保の必要や要請はない。

4 利用上の注意点

福祉医療機構からの資金調達をコアにする場合の注意点は、以下の6点である。

1　融資額限度が設定されている

福祉医療機構の貸付制度では、案件に対する限度融資率が決められており、基本は所要資金の80%以内である。融資限度額も設定されており、病院新築・増改築資金の場合は7億2,000万円が上限である（福祉医療機構が定める「特定病院」は12億円）。

したがって、福祉医療機構からの借入金だけでは病院の必要資金の全額は調達できず、自己資金や民間銀行借入での調達が必要となる場合もある。なお、福祉医療機構の貸付は公的資金ではあるが、補助金や助成金ではなく、病院は全額償還しなければならない。

2　政策金融である

政策金融では、政策目的の遂行に沿う案件には、長期間・低利・優遇条件・保証人条件緩和・加算枠等のメリットが利用できる。しかし条件が合わない場合には、融資の対象外であったり、メリットが享受できなかったりする。

500床以上の病院に対しては、5疾病5事業など政策優先度の高い地域医療等を実施する当該部門の整備に限定されている。現在、病院には機械購入資金の貸付は行われていない。

融資検討のときには、今回の案件が福祉医療機構の対象になるのかを確認しておくことが大切である。また、病院から融資相談を無制限に受けつける民間銀行とは違い、貸付に資金制約があり、年度予算額が消化されると次年度での対応となる。

設備投資で医療福祉機構の医療貸付事業を利用しない場合には、銀行は利用しない理由を必ず聞くので、説明内容を整理しておく。

3 　銀行との担保低当権順位調整

　原則として施設全体（土地・建物）の担保提供となる。融資対象建物および融資対象土地（"融対物件"という）は、福祉医療機構が原則第1順位での抵当権者になる。病院が福祉医療機構と銀行の双方から設備投資の借入をするときは、銀行が第2順位になる。

　また、すでに銀行からの既存借入がある施設（銀行が抵当権第1順位）において、増改築などで今度は福祉医療機構からの借入を行うときには、抵当権設定順位の変更が必要になる。

　いずれも劣位になる銀行にとっては融資の諾否、継続の諾否にかかわる重大な事項であり、病院は銀行との調整が必要である。抵当権に対する国の要求は強硬である。

　なお、福祉医療機構と民間金融機関とが覚書を締結し、医療法人等に併せて連帯融資を行う「協調融資制度」も設定されている。

4 　金利は固定金利のみ

　福祉医療機構からの長期資金借入の金利は固定金利のみで、変動金利の選択はない。固定金利では、契約時の借入金利が最後まで適用される（ただし、償還期間が10年超の場合には、10年経過後の金利見直し制度を選択することも可能）。

　固定金利は、借入期間中に金利は変わらないため金利変動リスクはなく、返済計画も立てやすい。しかし、借入日時点では変動金利での借入よりも金利水準は高い（順イールドの場合）。また、固定金利では借入期間中に市場金利水準が低下した場合には、その時点では割高な調達コストになる（金利固定化リスク）。

　かつて、1990年代前半に金利が急落（例えば、長プラは1991［平成3］年の8％台が95年には2％台へ）した時代に、病院では当時の社会福祉・医療事業団から借り入れていた金利が固定のために高止まりし、病院が繰上げ返済を行った例もある。借入期間中に金融市場の金利水準がどう動くかは何人にも不明であり、契約時に固定金利と変動金利のいずれの選択がよいかはわからない。

　ただし、金利には、下がるときにはスピードは緩慢であるが、いったん上昇局面に転ずると足は速く、瞬く間に倍の水準に達するという傾向がある。この30年の間、金利は低下し続けたあとに長期間低水準で推移している。そのため、現在の病院経営者には高金利時代や金利リスクの怖さを知らない人も多い。例えば、現在の借入金利が倍になった場合の支払金利を計算してみると、資金繰りがつかず経営が困難になる病院も想定される。

　ちなみに、金利が上がるのは、景気好調のときと、赤字国債に買い手がつかず長期国債が暴落するときである。

5　任意繰上げ償還ペナルティが発生する

　設備投資に伴う長期資金借入では、病院に余裕資金ができた、金利状況が変わった、事業縮小するなどの理由で期限前償還（任意繰上償還）を行う場合には、注意が必要である。弁済補償金が発生するのである。

　長期資金調達では「金は返せば済む」「早く返してしまうほうが有利」という問題では済まず、期日まで借りるという借入契約反故に対するペナルティ（契約違約金）の支払いが発生する（80ページ参照）。

　福祉医療機構の場合、借入の一部または全額を償還期限前に繰上げ償還する場合には、ペナルティとして福祉医療機構が計算・算出する「弁済補償金」を支払うことになる。この制度は、上述の1990年代前半に、病院が一方的な契約破棄（繰上げ償還）を行ったために作られた。福祉医療機構のペナルティは、民間銀行の再運用に伴う金利差の損失補填目的ではなく、国の資金運用予算が狂うことへの防止策といえる。

問題 1　独立行政法人福祉医療機構からの資金調達について、次の選択肢のうち誤っているものを1つ選べ。

[選択肢]

①医療貸付事業には、無格付・超長期・低金利というメリットがあり、設備投資資金を長期借入する際、検討の第一候補とするとよい。

②福祉医療機構は政策金融機関の1つであり、病院申出の案件が貸付制度の条件に合わない場合は貸付対象にならない。

③案件に対する限度融資率、融資限度額があり、設備投資の全額を借りることはできない。

④借入金利は固定金利のみで変動金利の選択はない。

⑤土地のみの取得資金も融資対象になる。

確認問題

解答 1　⑤

解説 1

①○：選択肢の通り。

②○：選択肢の通り。

③○：選択肢の通り。

④○：選択肢の通り。

⑤×：新築資金、増床、移転などに伴う土地取得資金は福祉医療機構の貸付の対象になるが、土地のみの取得資金は貸付の対象外である。

第7章

デット・ファイナンス②　民間銀行借入

貸借対照表

資産 （asset）	負債 （debt）	デット・ ファイナンス
	純資産 （equity）	

簿外債権・債務

金融機関の種類と融資金額

1　金融機関の種類

　現在、病院に融資を行っている主な民間金融機関には、3つのメガバンク(三菱UFJ銀行、みずほ銀行、三井住友銀行)とりそな銀行、地方銀行、第二地方銀行(昔の相互銀行)と、信用金庫、信用組合などがある。

　信用組合では、医療融資専門の医師信用組合が現在19、歯科医師信用組合が2あり、組合員への金融サービスを行っている。

　病院や診療所は、日本の津々浦々に分散しているが、それに対応する金融機関も日本中に拡散している。大都会を除くと、大半の病院の主要取引銀行(融資銀行)は地元銀行1行だけとなっている。

　生命保険会社や損害保険会社は、がん保険をはじめとする民間医療保険や民間介護保険を主力商品として販売に注力している。多額の広告費をテレビ広告に投入しており、集めた保険料を長期間の投融資で運用する業界である。ところが、長期資金ニーズのある医療や介護には融資を行っていない。病院の長期資金調達に対して保険会社の理解と支援を切に望みたい。

　外国の銀行の日本の病院への融資例は僅少に留まっている。欧米と比べ、日本の銀行業は収益性が低く、日本の金融市場や病院宛融資に外資が積極的に参入してくることは期待できない。

2　融資金額

(1)民間金融機関の「医療・保健衛生」への融資金額

　民間金融機関の医療分野への融資金額は、日本銀行の統計「貸出先別貸出金(業種別)」の中の民間金融機関の分類項目「医療・福祉」の内訳「医療・保健衛生」で把握する。「医療・保険衛生」への貸出金は以下である。数字は順に2019(令和元)年9月末貸出件数／2019(平成31)年3月末貸出残高(うち設備投資残高)を示す。

　国内銀行7万9,691件／8兆5,833億円(5兆4,878億円)、信託銀行2件／0億円(0億

円）、信用金庫2万6,069件／1兆2,231億円（7,824億円）、その他金融機関5万1,792件／4,474億円（2,761億円）。合計すると民間金融機関の「医療・保険衛生」への貸出金は15万7,554件／10兆2,538億円（6兆5,463億円）になる。

▎（2）民間金融機関と福祉医療機構の「医療・福祉」への融資金額と比率

　次に福祉医療機構を加えた金額で見てみる。福祉医療機構のホームページによれば、2018（平成30）年度の融資残高は、医療貸付1兆3,445億円、福祉貸付2兆1,014億円、合計3兆4,459億円である。日本銀行の統計「貸出先別貸出金（業種別）」の中の民間金融機関の分類項目「医療・福祉」は2019年3月末で14兆5,317億円である。福祉医療機構と民間金融機関を合算すると17兆9,776億円になる。この数字を使った2019年3月末の貸出金残高シェアは、福祉医療機構19.2%、国内銀行64.6%、信託銀行0.1%、信用金庫12.2%、その他3.9%である。

　以上が、日本の「医療・福祉」や「医療・保健衛生」分野への金融機関および福祉医療機構の貸付状況である。なお、この数字以外にノンバンクや国・自治体による国公立病院、国公立大学病院、公的福祉施設等への資金投入もあることを付け加えておく。

② 信用格付の導入

　病院の資金調達の大半は民間銀行借入である。民間銀行借入においては「信用格付」がもっとも重要であり、資金調達はほぼそれに尽きる。ここでは、信用格付を理解する。

1　戦後〜20世紀末の銀行与信審査項目

　最初に、現在の信用格付審査体制に至る銀行の環境変化、考え方の変化を解説する。

　敗戦後から20世紀末までの日本の銀行では、貸付審査においては以下の①〜⑨の項目が重要視されていた（⑨を除き、以上は今日の銀行でも、融資審査における重要項目である）。

①融資先の経営実績（財務諸表の内容）
②銀行との取引実績（信用、メインバンクの責任）
③万一の場合の保全対策（担保、見返り、保証人）
④何に使用する資金か（資金使途）
⑤何でどのように返すのか（返済方法）
⑥返済に無理はないか（返済可能性）
⑦銀行本部（企画部等）の融資推進方針
⑧銀行の取引採算
⑨他行との取引状況、融資シェア

　20世紀の銀行には、メインバンクとしての責任感と貸付額の量的拡大要請が基盤にあった。病院は資金調達が必要となった場合は、長年の取引歴のあるメインバンクに融資を申し込めば、比較的簡単に貸付を受けることができた。

2　21世紀　銀行の融資判断基準の変化

（1）貸付量拡大方針から自己資本に見合う融資へ

　戦後の銀行は融資における担保を重視してきたが、特に1980年代のバブル期での融資は担保万能主義ともいえた。固定金額の貸付金に対して価値が上昇していく不動産や有価証券を担保にしておくと、貸し手は貸付金の回収に、借り手は万一の場合の借入金返済に安心がおけた。担保物件の値上がりが急激だったので、余力が出た担保の上端を見返りに

した追加融資も行われた。

しかし、1990年代に入りバブル経済が崩壊、返済不能に陥る企業が続出する。また、担保になっている不動産や有価証券の価値も大幅に下落した。

景気後退は銀行の不良債権を増加させて、信用喪失から破綻する都市銀行も現出した。都市銀行や大手証券会社の破綻は、日本国民には信じられない悪夢であった。

不良債権処理問題と銀行の資産健全化が、国を挙げての重要な課題になる。各銀行は国際決済銀行のBIS規制を守るため、公的資金の借入や合併をして自己資本比率を増やした。BIS規制とは、国際金融市場で資金決済をしている銀行が決済不能になると国際決済システムが崩壊するため、国際決済銀行（BIS）が国際業務をする銀行には8％以上の自己資本比率を求めたものである。1989（平成元）年に13行あった都市銀行はすべて合併または破綻して、現在の4つのグループになり、昔と同じ名前の銀行はなくなるという激変の時代であった。

21世紀に入って、銀行は従来の貸付量拡大方針から自己資本に見合う融資へと大きく舵を切り、体力に見合う融資額に調整するために貸付量の削減を行った。

▌（2）自己査定による債権リスク把握へ

20世紀の銀行は、貸付債権を厳格にモニターして管理することはなかった。

しかし、1992（平成4）年の年末にBIS規制が開始された。BIS規制に対する当時の大蔵省の厳しい指導に接し、銀行はビジネスの仕方を根本的に変革することになった。自己資本の算定には、銀行の保有する債権の倒産等のリスクを正確に評価して把握しなければならない。

1998（平成10）年から早期是正措置が導入され、銀行は自らの責任において資産を適正に自己査定して、適切な自己資本比率を算定することが求められた。そこで、債権リスクの把握、そして債権保全のツールとして導入したのが、「自己査定」による「債務者区分」である。その目的は、債権区分に沿った引当金・償却を適切に行うことにある。銀行は融資先を10段階程度に区分する「債務者格付」を行い、自己査定による債務者区分とリンクさせた（図7-2）。自己査定は文字通り、各銀行独自の方法で債権を査定したものである。

各銀行が独自に行った自己査定の適切性を検査するために、金融監督庁（現・金融庁）は1999（平成11）年に『金融検査マニュアル』を策定した。そこには「各銀行の格付は金融マニュアルでの債務者区分と整合性を持たせよ」と明記され、実質的に銀行間の格付基準は統一された。

2003（平成16）年には『金融検査マニュアル別冊〔中小企業融資編〕』が別途作成された。自己査定とは『金融検査マニュアル』『同　別冊』に従って銀行自らの責任で年2回、貸出先の債権を1つひとつ資産査定することで、全国統一のルールのもとで行われた。1999年7月以降、銀行が『金融検査マニュアル』に則る融資体制に移行したことを、本テキストで

金融再生法債権区分（国内）	債務者格付		案件格付	引当率
	自己査定債務者区分	格付	格付	
正常債権	正常先	1	S	0.11%
			I	
		2	II	
		3	III	
		4	IV	
		5	V	
		6	VI	
	要注意先a、b	7　a、b	VII	4.64% / 13.77%
要管理債権	要管理先			42.39%
危険債権	破綻懸念先	8	VIII	66.47%
破綻更生債権及びこれに準ずる債権	実質破綻先	9	IX	100%
	破綻先	10		

図7-2　金融再生法債権区分と自己査定債務者区分、債務者格付、案件格付、引当率との関係

は「21世紀に銀行融資体制が変わった」と説明する。

（3）『金融検査マニュアル』廃止後

　バブル崩壊後、金融庁は『金融検査マニュアル』で銀行融資業務に関係する検査や監督を行った。それは画一的で機械的な「引当、償却手続き」の要請であった。しかし、時代は少子超高齢・人口減少社会、長期低金利水準、IT化などが進展し、金融ビジネスや金融サービス提供も従来とは違った環境に変化してきた。そのため、旧来の『金融検査マニュアル』による雁字搦めの方針では、銀行の新しいビジネススキームの挑戦や新しい金融商品の開発への制約になりかねない。このような金融環境の変化から、金融庁は検査・監督の見直しを行い、2019年12月にそれまで金融機関の検査に利用していた『金融検査マニュアル』を廃止した。そして各銀行は新たな行内定義による引当・償却実務を行っていくことになった。

　しかし、『金融検査マニュアル』に代替する新たな要件を速やかに定義することが難しい銀行もあることを勘案した金融庁は同年12月18日、「検査マニュアル廃止後の融資に関する検査・監督の考え方と進め方」を公表し、多くの「事例集」を付属させて金融庁の今後

の方針を示している。このように銀行の資産査定は今後も変化していくが、自己査定は正確に実施されなければならない。金融庁は『金融検査マニュアル』は廃止したが、現状の実務を否定しない、というスタンスを明確にしている。したがって、各銀行の自己査定方法に対する急激な変更はない、と考えられる。すなわち、今後も融資先のキャッシュ・フローに基づく回収可能性の判断が重要視される。

　以下、本テキストでは、従来の『金融検査マニュアル』の方針に準拠した銀行の「信用格付」を説明する。今後の各銀行の自己査定手法は、時代や環境に応じて改良・改善されていくだろうが、基本は2019年12月までの『金融検査マニュアル』からスタートする。

3　信用格付とは

　信用格付とは銀行が、病院への貸付の融資審査や債権区分に分類するときに、銀行の内部で使用するランクである（民間の格付機関によるAAAといった債券格付等とはまったく別のものである）。その銀行での格付方法や付与された病院の格付は、その病院を含む銀行外部には非公開である。したがって、病院への格付費用の請求はない。病院に付与した格付ランクに従って、融資の諾否や融資条件（金額上限、期間、金利、返済方法、担保など）が決定される。

　病院の資金調達においてはこの信用格付がもっとも重要である。格付の仕組みを理解し、銀行による格付をよくすることが病院経営に求められる。

　また、融資後も年2回行われる自己査定で格付が低下すると、銀行の方針は、（短期資金では）金利引き上げ、融資額の減額・回収（継続不可）に変化していく。俗に「貸し渋り」「貸し剥がし」といわれる。

　病院は、銀行が病院を「財務諸表の質で格付区分する」という現在の金融ルールと、病院業績の悪化などで格付が悪化すると資金調達に困難が発生するという認識を持つ必要がある。特に決算が赤字の病院は、日本の金融では苦しい環境を強いられる。

　さらに、デリバティブや私募債引受など、リスクを含有する金融商品の病院への提案・取り組みの可否は、格付にて基準が設けられる。例えば、シンジケートローンの病院宛提案は、銀行内ルールにて高格付先の病院に限定される。現在は、債券に限らず銀行借入でも格付を基準にした判断と金融ビジネスが行われている。

4　「債務者区分」と「債権区分」

　自己査定の手順では、銀行内での「債務者区分」と金融再生法での「債権区分」に分かれる。

　「債務者区分」は各銀行による融資先の区分で、業況や貸出金返済状況等から財務力・信用力によって、「正常先」（さらに「要注意先」を細分）「要管理先」「破綻懸念先」「実質破綻先」

「破綻先」の５区分に区分する。要管理先以下が不良債権になる。銀行借入のある病院は、借入先の銀行内で、５区分のいずれかに必ず区分されている。

　他方の「債権区分」とは、金融再生法の区分である。「正常債権」「要管理債権」「危険債権」「破綻更生債権及びこれに準ずる債権」の４つに区分される。

5　金融庁検査

　金融庁は、各銀行の債務者区分と債権区分が正しく実施されているかを、金融庁検査で検査する。金融庁検査は厳格であり、銀行にとっては緊張する検査である。銀行は病院の債権査定において、病院の事情を斟酌して査定を甘くしたり、ある項目に目を瞑ったりすることは決してない。

③ 信用格付①
債務者格付の重要性

1 信用格付の方法

　銀行は全貸付先に「信用格付」を行う。信用格付は医療法人や企業など、法人自身の「債務者格付」と個別の融資案件ごとの「案件格付」から成立している（図7-3）。

2 病院融資の審査プロセス

　融資審査にて貸付先（病院）の事業体自体の格付が行われる。この格付を「債務者格付」という。格付作業では財務諸表の定量分析と経営の定性面の双方で検討がなされるが、数値化が可能である定量面の比重が格段に大きい。

　格付結果によって、その病院への融資取引の諾否や取引方針が決定される。債務者格付は段階に区分され、「1」のほうが「10」よりもよいランクとなる。病院は、格付が「7」以下（「7a」「7b」は含まず）になった場合には、資金調達に苦心する。

　病院自身の債務者格付が算出されたあとには、個々の借入案件に対する「案件格付」の付与作業がなされる。「案件格付」では、例えばS、Ⅰ～Ⅸというランク区分が行われる。その後、「債務者格付」「案件格付」を見ながら個別の貸付の諾否、貸付条件などの「総合判断」がなされる。

　なお、債務者格付がよくなければ、銀行内で案件検討および案件格付には至らない。業績が芳しくない病院が、一気挽回の計画を立てても資金調達は難しい。

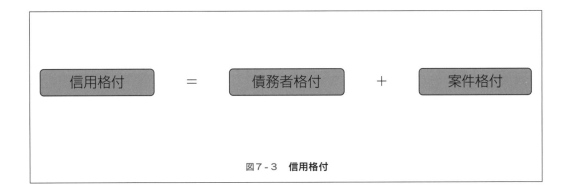

図7-3　**信用格付**

3　債務者格付の区分ごとの概要

　自己査定の債務者区分とそれを細分化した「債務者格付」「案件格付」、と金融再生法の「債権区分」との関連は**図7-2**を参照されたい。以下では、債務者区分ごとの概要を見ていく。

(1)債務者区分「正常先」(債務者格付「1」～「6」)

　銀行の貸付では、債務者格付が「6」以上(「1」～「6」)であることが前提である。すなわち、業況が良好かつ財務内容にも特段の問題がないと認められる病院で、自己査定の「正常先」区分にリンクする。正常先の基本的条件は、ⓐ損益計算書の当期利益が黒字である、ⓑ貸借対照表の純資産の部に累積損失がない——ことである。

　同じ正常先に属する病院においても、債務者格付がよいほど(「1」に近いほど)借入金利は低くなり、担保等の諸条件も緩和される。

(2)債務者区分「要注意先」(債務者格付「7a」「7b」)

　「要注意先」とは、金利減免・棚上げを実行している債務者、元本返済延滞、利払いが延滞、業況が低調ないしは不安定、財務内容に問題があるなど、今後の管理に注意を要する病院である。

　病院が、次のⓐ、ⓑ、ⓒのどれか1つにでも該当する場合は、銀行内では「要注意先」に分類されている可能性が高い。ⓐ損益計算書の当期利益が赤字、ⓑ貸借対照表の純資産の部に累積損失がある。ⓒ融資の返済が1カ月以上延滞している。

　当期利益の赤字や累損がある場合、それは一時的なのか構造的なのかが審議される。医療分野では、病院が赤字であることがふつうに話されるが、経済界・金融界にとっては組織が赤字であるということは深刻な事態であると受け取られる。

(3)債務者区分「破綻懸念先」(債務者格付「8」)

　「破綻懸念先」とは、現状は経営破綻の状況にないが、経営難の状況、ないしは経営改善計画等の進捗状況が芳しくなく今後は経営破綻に陥る可能性が大きいと認められる病院である。病院がⓐ二期連続債務超過、かつ借入返済が1カ月以上延滞、ⓑ借入返済が6カ月以上延滞——のうち、どちらか1つにでも該当する場合は、債権者区分が「破綻懸念先」に格付されている可能性がある。

　破綻懸念先では新規融資は受けられず、既存借入の期日継続(借り換え)も難しい(いわゆる貸し剥がし)。また、既存融資には金利アップや早期返済(回収)が要求される。

(4)債務者区分「実質破綻先」(債務者格付「9」)と破綻先(債務者格付「10」)

　省略する。

4　債務者区分と引当

　銀行が自己査定をする目的は、債権区分に沿った引当金・償却を適切に行うことにある。図７-２の右端に債権区分ごとの引当率が示してある（図７-２は三井住友銀行の2019年３月末時点の引当率である。引当率は銀行によって異なる）。

　銀行が病院に融資をすると、銀行は債務者区分ごとの引当率を貸倒引当金として積まなくてはいけない。貸倒引当金は税務上では損金計上になるため、貸倒引当金は当期の銀行利益を減少させ、翌期への繰越利益が減少し、利益準備金が積み上がらず、結果、銀行が最も避けたい自己資本比率の低下が起こる。

　例えば、A病院に10億円、期間５年間、元本返済は期限一括（実際は元本約定弁済がある）の融資を行い、金利は信用格付にかかわらず年２％とする（実際は格付によって変化する）。銀行の５年間の利息収益は2,000万円×５年＝１億円である。図７-２の銀行の場合では、A病院が「正常先」の場合には引当率は0.11％なので、貸金取り組み時に損金計上する貸倒引当金は110万円に留まる。しかし、A病院が「要管理先」の場合には引当率は42.39％になり、貸倒引当金は４億2,390万円である。10億円を５年間貸して５年間の利息収益１億円に対し、貸倒引当金が４億2,390万円では、（会計上では）費用が収益よりも多くビジネスにはならない。この場合には、金利をもっとアップして回収の方針となろう。前述の通り、病院が気をつけなければならないのは当期利益が赤字の場合、「要注意先」に分類される可能性が高いことである。次の「破綻懸念先」での引当率66.47％、「実質破綻先」「破綻先」での引当率100％などは問題外である。銀行は貸付金回収を早急に進める。

5　銀行の基本姿勢

　現在の銀行は、自己資本比率の確保を経営の基本姿勢にしている。BIS規制の自己資本比率８％以上を守れない資産内容の銀行は国際金融市場から退場させられる。そういう危うい銀行を国際間の経済システムに参加させておくことはできないのだ。また、国内業務に特化した銀行には４％以上の自己資本比率が求められる。銀行は信用格付と引当率も勘案し、採算性の悪い貸付は取り組まないし（貸し渋り）、継続もしない（貸し剥がし）。

　貸倒引当金は引当金なので、会計上で損金処理をしていても貸し倒れが発生しなければ５年後には戻ってくる。しかし、現在の銀行にとって、例えば５年間も採算割れになる貸付は取り組めない。

　このように、病院の資金調達における銀行の債務者区分、それを細分化した格付は重要である。そして格付は、次ページで説明する財務諸表の内容（質）で決まる。

信用格付②
債務者格付の方法

1　債務者格付の格付方法

　各銀行は、その銀行独自の方法によって病院や企業の債務者格付を行う。債務者格付は銀行の内部資料であり、格付結果、格付方法ともに外部には公開されていない。

　実務的には、定量的分析項目に定性的分析項目が加味されて、債務者格付がなされる（図7-4）。銀行が審査システムに信用格付を採用したのは、スコアリングによって審査の客観性、正確性、網羅性を担保するためである。したがって、数値化による客観性が持たせにくい定性的分析項目は、格付作業では重視されない。特に大規模銀行では、その傾向が顕著である。

　各銀行が付与した債務者格付は、事後的に金融庁『金融検査マニュアル』の「債権区分」と整合性を持たなければならない。そのため、金融庁の金融検査にて説明できる客観的な格付判断が要求される。債務者格付の方法は銀行によって違うが、病院は国内のどの銀行で借入をしていても、最終の金融庁の「債権区分」段階では同じ区分になる（前述の通り、『金融検査マニュアル』は2019年12月に廃止になっている）。

2　定量的分析項目

　債務者格付の作業で採用される主な定量的分析項目は次の通りである。
①安全性分析……自己資本比率、ギアリング比率（有利子負債／自己資本）、固定比率、固定長期適合率、流動比率、当座比率、借入金対月間医業収益など

| 債務者格付 | = | 定量的分析項目 | + | 定性的分析項目 |

図7-4　債務者格付の方法

②収益性分析……医業収益経常利益率、総資産経常利益率、医業収益支払利子率、収益フローなど

③成長性分析……経常利益増加率、自己資本増加額、医業収益額など

④返済能力分析……キャッシュ・フロー(税引き後当期利益＋減価償却費)、債務償還年数ｎ値(有利子負債／キャッシュ・フロー)、インタレスト・カバレッジ・レシオ([営業利益＋受取利息]／支払利息割引料)、経常収支比率、含み益など

　もちろん、過去３期以上の財務諸表は詳細に分析、吟味、評価される。銀行員は、財務諸表分析によって物事を判断していく人たちであることを忘れてはならない。

3 定性的分析項目例

　定性的分析項目としては次のような項目が検討されている。

　国民医療費動向、診療報酬改定動向、介護報酬改定動向、地域医療構想の動向、地域包括ケアの進捗、診療圏内競合病院状況、診療圏内シェア(収益、患者数)、業歴、経営者の能力、経営者の財務管理能力、経営方針、出資者の構成、従業員のモラル、経営基盤、競争力、理事長の個人資産、取引実績、中長期経営改善計画作成に対する取り組み姿勢、決算書の取り組み・報告状況、日本医療機能評価、ISO等の資格取得状況、人材育成への取り組み姿勢、労働基準法の遵守、後継者の存在、過去・現在の医療訴訟の状況など。

4 債務者格付の改善

　以上をまとめると、銀行の自己査定体制の採用により、融資検討時および融資先病院には必ず債務者格付がなされ、定期的かつ必要に応じて格付更新がなされる。

　債務者格付の評価プロセスでは、決算書から算出される「定量項目評価」が重視され、「定性項目評価」のウエイトは低い。銀行が債務者格付で使用する項目は、病院が想定する病院規模、各種病院計数(病床利用率、平均在院日数、外来数など)や定性項目などではなく、定量項目、すなわち財務分析から算出する財務指標である。

　債務者格付をパスしたあとに、病院借入申出の案件の審査が初めて着手されるのである。

　民間病院の資金調達は実質上、銀行借入(と福祉医療機構)であり、資金調達の諾否の鍵を握る決算書の内容改善はまことに重要である。格付が「７」になると新規借入は難しく、既存借入に対しても銀行は利上げや貸金回収などの厳しいことをいってくる。しかしそれは、現在日本で徹底されている金融のルールである。

　本テキストでは説明しないが、決算書改善の基本は、①高収益体質の損益計算書、②スリムな貸借対照表にすることである。そのための主な項目を図７-５に示す。これらの項

目は、財務では当たり前すぎる項目であるが、世界中の企業、病院はその当たり前の項目の改善に向けて日々の業務の中で努力している。

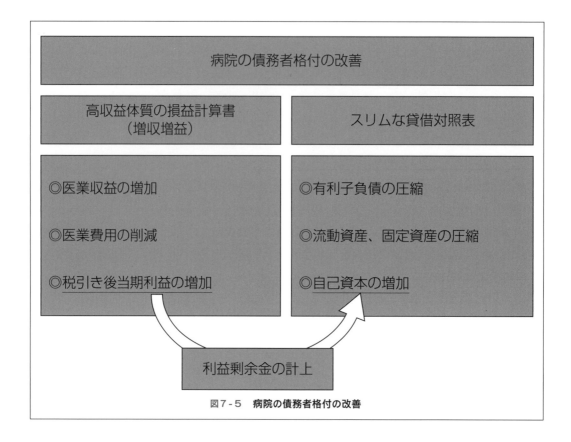

図7-5　病院の債務者格付の改善

銀行からの資金調達の要諦

　以下では、病院が銀行からの資金調達をする際に、病院が留意しなければならないポイントを具体的に説明する。いずれも実務上では重要な内容である。

1　病院理事長が考えている「よい病院」

　病院理事長が考えている「よい病院」とは次の事項である。すなわち、歴史がある、地域住民の健康と医療を支えている、真摯な医療体制、質の高い医療提供、しっかりした理念、高度で最新の医療知識、アメニティのある病院建物、高度最新医療機器の整備……等々。場合によれば、社会医療法人、研修病院、後期研修病院、地域医療支援病院、がん診療連携拠点病院、三次救急指定病院、外部第三者評価機関の評価（日本病院機能評価機構、JCI等）など医学教育や医療システム上での病院の特性、マスコミの病院ランキングの上位などといったことも入る。

　いずれも「医療の質」を重視している。

2　理事長が銀行員に説明する病院経営内容

　資金調達は病院の命運がかかっている重大事項である。銀行への説明は当然、理事長が行う、また行うべきである。銀行も、理事長からの説明を求める。

　病院理事長が、先に述べたような「よい病院」の考えを持っていると、彼・彼女が銀行（銀行員）に説明する病院経営内容は、通常以下のようになる。すなわち、平均在院日数は○日で前年比△日短縮、病床利用率○％で２ポイントアップ、DPC対象病院、救急車搬送件数○件で地域シェア△割、地域医療支援病院、手術件数白内障年間○件、研修指定病院・研修生今年○名、日本医療機能評価機構の認定○回更新済、脳ドック開始、専門医○名、専門認定看護師○名、MRI○台、アンギオ保有……等々。

3　銀行員が知りたいこと、考えること

　しかし、病院と理事長は、先のような「医療の質が高い病院」という説明では、銀行員が

知りたいことの核心に触れていないことを認識しておくべきである。

融資検討にて銀行が知りたい結論は「この病院に融資をしたら病院は成長するか。そして利払いと借入返済が遅れることなくできるか」ということである。融資により病院事業が成長することで銀行は社会貢献ができるし、きちんと返済がなされることでビジネスとして成立するからである。銀行も病院と同様、公共性の高い組織であり、採算を度外視した杜撰な経営は許されない。

具体的に銀行員が知りたいこと、考えることは次の項目である。

「医業収益について：額は、推移は、増加額は、増加率は、増加の変化率は」「医業利益について：額は、推移は、増加額は、増加率は、増加の変化率は」「格付をすると「6」から上だろう⇒融資を検討してみよう」「格付は「7」以下になりそうだ⇒銀行内の審査基準は通りそうもない。引当金も必要。じっくりと付き合う病院ではない」等々。

理事長が「医療の質」を重視するのに対し、銀行員は決算書などの「お金の質」を重視する。銀行員は会計の言葉と語彙（ボキャブラリー）を使って考え、話をする。会計での会話は、お金で測られて表現できることに限定される。銀行が病院から聞きたいのは、「医療の質」についてではなく、「お金」のことである。病院や企業の「お金」の面を検討して融資判断を行うように訓練されている。実は、このことへの認識が、病院の資金調達において重要な点であり、銀行取引における要の1つである。

4 決算書に基づく経営の説明を

■（1）決算書とは

病院の決算書とは、損益計算書（P/L）と貸借対照表（B/S）、キャッシュ・フロー計算書（CF）を指す。

決算書は財務諸表とも呼ばれる。会計の世界での単位は金額であり、それ以外のもの、例えば個数や人数などの単位では数えないのが近代社会のルールである。決算書では、組織の事象がすべて金額という数字表現に統一されるので、外国の病院（為替換算は必要）や異なる業界、前理事長の経営時代などと比較することもできる。患者数や病床利用率、平均在院日数といった病院経営指標も、最終的にはすべて金額に翻訳・換算されて決算書に集約される。このように病院は、決算書の金額だけで表現・説明される。

■（2）決算書＝病院経営の集約

銀行（銀行員）にとって「決算書」とは病院の通知簿・通信簿であり、理事長の成績表である。銀行は、病院経営のすべては、金額に翻訳・換算され、決算書に集約されると考える。最初に決算書の信憑性、整合性、精度等へのチェックが行われる。その後、銀行は決算書

等をさまざまな視点から分析(財務分析・経営分析)しながら病院を理解していく。銀行員は決算書(と事業計画書)をもとに考え、決算書をもとに話をし、決算書をもとにして融資の稟議書を書き、決算書をもとに審査をする。この過程で、病院の話はすべて金額表示で話される。

　銀行が病院理事長から聞きたい説明は、決算書内容と資金調達が必要になった事業計画書の数字についてである。決算書が病院経営の過去の数字(実績)で、事業計画書が将来の数字(計画値)である。理事長という職務は、決算書に基づいて経営を数字で説明することが要求される。

⑥ シンジケートローン

1　シンジケートローンとは

（1）シンジケートローンの手法

　シンジケートローン（Syndicate Loan）とは、病院の大規模な設備投資に対して銀行団が組成され、複数の銀行が同一条件の協調融資を行う方法である。日本語では、シンジケートローンのことを協調融資という。

　幹事（アレンジャーともいう）銀行が病院の資金調達案件を検討し、融資条件や契約書をまとめる。幹事銀行は、目星をつけておいた銀行にシンジケートローンへの招聘を行う。これをローンチ（launch）という。参加表明した複数の銀行を取りまとめて銀行団を組成し、病院への融資を実行する。

　シンジケートローンの貸付債権は転売可能となっており、参加した融資銀行は病院宛債権を流動化することもできる。シンジケートローンが成功するかどうかは、ひとえに幹事銀行の力量にかかっている。利害調整をして病院、参加銀行双方にとって納得のいく条件のローン組成ができる銀行は多くはない。

　シンジケートローンの調印式では関係者全員が集合し、融資契約書に調印する。参加銀行の数は多くても、病院は個々の銀行と個別の契約を結ぶのではなく、融資契約書は1通だけである。

　調印以降の事務管理は、エージェントと呼ばれる銀行が病院代行として行う。融資の実行は、病院の指示を受けたエージェントが、各銀行に貸付実行日・金額を指示する。各銀行はエージェントの専用口座に振込を行う。反対に、利息や元本の返済は合計額を病院が専用口座に入金し、エージェントが各銀行に分けて振り込む。

（2）現在のシンジケートローン市場

　1970年代から80年初頭の国際金融市場で、日本を含む世界的な大銀行がシンジケートローンを組成し、発展途上国や大型プロジェクトへ数多くの巨額ローンを組んだ歴史がある。21世紀になって日本国内でシンジケートローンが再興し、メガバンクを中心にシンジケートローンの組成が活発に行われ、組成件数、組成金額、期末残高は伸び続けている。

　なお、銀行はシンジケートローン取組対象先基準として、企業の場合には原則上場企業・店頭公開企業かつ信用格付がよい先としている。病院に対しても同じような水準が求められるであろう。

2　シンジケートローンのメリット

　病院にとってのシンジケートローンのメリットは、病院でも大型の中長期資金の調達が可能になったことである。病院の取引銀行（預金口座だけでなく借入残高がある銀行）は、地元の銀行1行のみが多い。しかし、（既存借入と合計して）数十億円という金額に達する資金調達の場合には、取引銀行1行のみでの対応では難しい。

　融資する側の銀行が集まって集積した場合には資金調達の可能性も高まる。また、シンジケートローンの参加銀行は債権売却が可能であり流動性が高いことから、借入金利は低利の可能性も出てくる。幹事銀行の力量次第で、いままで病院とはまったく関係のなかった銀行が融資銀行団に参加してもらうこともできる。

　その他のシンジケートローンのメリットとしては、銀行の折衝窓口がアレンジャーに一本化し、事務もエージェントに一本化されるため病院の事務管理が効率化できることが挙げられる。

3　シンジケートローンにおける注意事項

▎(1)コベナンツ

　従来の銀行借入では、融資取引の最初に銀行と交わした「銀行取引約定書（銀取）」を基本契約として、借入の都度、約束手形や金銭消費貸借契約証書などの個別の借入契約を締結している。

　ところが、シンジケートローンでは、融資契約書は1通作成され、病院とすべての参加銀行がその契約書に署名捺印する。シンジケートローンの融資契約書にはコベナンツ（covenants）という条項部分がある。例えば「情報開示義務」「資産処分等の行為に対する制限」「経営方針・事業変更制限」「財務制限条項」などである。条項に抵触した場合、銀行は繰り上げ返済の要求や借入条件を厳しくすることもできる。

　例えば「財務制限条項」では、病院が守るべき財務の数字や指標（自己資本比率、インタレスト・カバレッジ・レシオ、デット・サービス・カバレッジ・レシオなど）がコベナンツ条項に記載され、病院の経営ではこれらの財務の数字を確保することが重要になる。

　なお、コベナンツ条項の項目や数値などは幹事銀行とタームシート打ち合わせ時に行う。融資の条件が病院側に甘すぎると銀行は参加してこないし、厳しい条件では病院は苦労す

る。関係者の各々が納得する条件への差配と匙加減が幹事銀行の力量である。

(2)手数料

シンジケートローンでは、アレンジャーとエージェントへの手数料が発生する。アレンジャーフィーは組成金額に料率をかけたもので、契約時に一括して病院が払う。エージェントフィーは毎年先払いで支払う手数料で、業務内容により金額は調整される。

また、契約書の検討に際し、弁護士費用、税理士費用が発生する。したがって、シンジケートローンでは、相応の借入金額でなければ、オール・イン・コストでは割高な調達コストになる可能性がある。

シンジケートローンの組織金額(シンジケーション全体の金額)の目安は30億円程度以上とされている(取り組み金額の多寡にかかわらず、同じような作業量、作業時間がかかるので、少額ではアレンジャーの成り手が出てこない)。過去の病院へのシンジケートローン実績を見ると、最低組成金額は約10億円であることから、調達コストは別問題として、病院のシンジケートローン組成金額は10億円以上が1つの目安となろう。

問題1 民間銀行の資金調達と信用格付について、次の選択肢のうち誤っているものを１つ選べ。

［選択肢］

①BIS規制とは、国際決済銀行（BIS）が国際業務をする銀行に対して４％以上の自己資本比率を求めるものである。

②信用格付とは、病院の融資審査や債券区分を行うときに、銀行内部で使用するランクである。

③信用格付は通常、法人自身の「債務者格付」と個別の融資案件ごとの「案件格付」から成立している。

④銀行、銀行員にとって、決算書は通知簿・通信簿であり、病院経営のすべては金額に翻訳・換算され、決算書に集約されていると考える。

⑤病院も企業も、高収益体質の損益計算書、スリムな貸借対照表への財務内容改善を行う必要がある。

確認問題

解答 1

①

解説 1

①×：BIS規制は自己資本比率8％以上を要求している。

②○：選択肢の通り。

③○：選択肢の通り。

④○：選択肢の通り。

⑤○：選択肢の通り。

第8章

デット・ファイナンス③
病院債

1 病院債の定義と種類
2 地域医療振興債と医療機関債
3 社会医療法人債

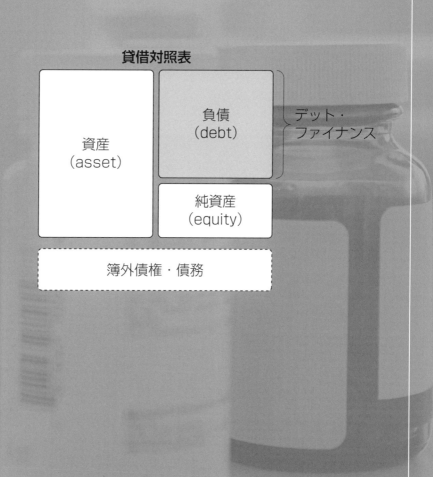

貸借対照表

病院債の定義と種類

1　病院債の定義

　「病院債（Hospital Bond）」とは、金融における専門用語ではなく、病院が長期資金調達のために発行する債券を総称した俗称である。病院債は病院の借金（デット・ファイナンス）であり、病院債発行残高は貸借対照表の「負債の部」に掲載される。資金は金融機関を経由せずに病院が直接、投資家（債券購入者）から調達するため、直接金融となる（なお、銀行自らが債券の購入者になる「銀行引受」の場合も、投資家が銀行という直接金融である）。

　償還期間は数年間が多く、償還は期限一括で期中は利払いのみである。期間中の約定弁済がないので、通期の支払利息総額は大きい。発行金額は数千万円から数百億円まで幅広い。公募債である社会医療法人債以外は、金融商品取引法上の“有価証券”には該当はせず、金融商品取引法による投資家保護の対象外である。

2　病院債の種類

　現在「病院債」といわれるものには次の10種類があり、各々の関連はない。①縁故債（病院が債券の形で理事長や知人などの縁故から資金調達）、②地域医療振興債（医療法人が発行）、③医療機関債（医療法人発行）、④社会医療法人債（社会医療法人が発行）、⑤SPCによる有価証券（私募債）、⑥組合債（医療生協）、⑦医師会の病院債（医師会立病院）、⑧地方債（地方自治体の病院資金調達）、⑨財投機関債（福祉医療機構）、⑩財投機関債（国立病院機構）。

　本テキストでは、この中から②地域医療振興債、③医療機関債、④社会医療法人債を取り上げて説明する。

　なお、①縁故債のように、出資法を遵守して病院が50人未満の個人等から資金を集めるのは自由である。病院の資金調達において金銭消費貸借契約の形にすれば個人借入になるし、債券の形で利子等を付利すれば病院債になる。

② 地域医療振興債と医療機関債

1 地域医療振興債

■（1）発行基準

　地域医療振興債とは、2003（平成15）年12月に一般社団法人日本医療法人協会が『医療法人・資金調達方法　研究報告書』にて提唱したガイドラインに沿って発行される債券を指す。ガイドラインを設定し「地域医療振興債」と命名した目的は、業界団体として病院債発行に対する自己規制をすることにある。日本医療法人協会という発行者側の自主ルールであって、国（法律）や金融界は関与していない。

　ガイドラインの主な条件は次の通り。
・発行目的　医療に役立つ資産取得とシステム投資
・金額上限　4億9,000万円
・投資家数　49人以下
・利率　標準利率の2倍が限度（標準利率＝新発長期国債利回り＋1％）
・無保証・無担保

■（2）債券の性格

　地域医療振興債は、診療圏内の住民を投資家と想定して、社会的責任投資（SRI：Socially Responsible Investment）の思想の採用を要請している。SRIを求めるのは民間の医療法人である。投資家には、運用債券としての投資条件の良否判断ではなく（投資条件としては明らかに劣勢）、地域医療の発展・継続への社会的意義に基づく投資を期待するものである。

　経済面（発行条件）は、株式市場非上場の発行体、非公募債、債券格付なし、無保証・無担保、利率は低利回り（標準利率＝新発長期国債利回り＋1％の2倍を限度）と、病院側に大きく有利である。

　債券の性格としてはハイリスク・ジャンクボンドとローリターンの組み合わせとなり、ハイリスク・ハイリターン、ローリスク・ローリターンのファイナンス理論では説明できない。

　病院と病院の事情をよく知る特定の個人との間での資金協力目的の相対貸借ならば、理解納得のうえでの投資であり、とかくの問題は発生しないとしても、発行体の病院経営内容や債券リスクを知らない一般地域住民に販売する商品としては疑問が持たれる。地域医療振興債は発行しても当局への届出の必要がないため統計数値はないが、件数的には多くはないであろう。

2　医療機関債

(1) 発行基準

　厚生労働省医政局は2004（平成16）年10月に「『医療機関債』発行等のガイドライン」の通達を出した（2013[平成25]年8月に最終改正）。通達では、医療機関債は証券取引法（現在は金融商品取引法）上の有価証券ではなく民法上の消費貸借で金銭借入を証する証拠証券と明記している。つまり、金銭消費貸借契約書であり、債券というより金銭借用証書という性格になる。

　ガイドラインによる債券の主な発行基準は、①税引き前純損益が3期以上連続黒字、②公認会計士や監査法人の監査が望ましい、③目的は土地、建物などの資産取得――である。②の公認会計士または監査法人による監査を受けるのは、医療機関債発行後も含め負債総額が100億円以上である場合または一会計年度における発行総額が1億円以上（ただし、銀行がその全額を引き受ける場合は除く）、もしくは一会計年度における購入人数が50人以上である場合である。しかし、これらの場合以外でも、公認会計士または監査法人による監査を受けることが望ましいと、財務諸表の透明性の確保を強く求めている。

　厚生労働省は第三者（民間格付機関）による債券格付のガイドライン化は考えておらず、債券格付は医療法人の自主的判断で対応するものとしている。

(2) 利率

　ガイドラインでの利率は「発行予定日2カ月前発表の新発長期国債利回りに1％を上乗せしたものを標準利率とし、その標準利率の2倍に相当する率または標準利率に2％を上乗せした率のいずれか低いほうの率を限度とするのが適当」となっている。上限付金利に対する病院のキャップ・オプション料支払いについては、ガイドラインには明記されていない。

　ガイドラインが示す、国債利回りに2～3％のプレミアムを上乗せした程度の資金調達コストは、無格付ジャンクボンドとしては相当な低金利といえる。

　医療機関債購入者に関してもガイドラインがあり、特定の同族グループによる限定や、当該医療機関の患者・家族等に対する購入の強制を行ってはいけないとされる。発行医療

機関へは財務内容等の情報開示が強く求められている。

なお、「『医療機関債』発行等のガイドライン」には法的強制力はなく病院の自主規制の形になっている。厚生労働省への報告の義務もなく、ガイドライン遵守の確保は難しい。

▌(3)想定する投資家

医療機関債は、財務情報公開が要求される点が評価される。しかし、前述の地域医療振興債と同様、発行体は株式市場非上場、非公募債、債券無格付、無保証・無担保、利率は人為的な金利でかつ低利率と、有利性が病院側に大きく偏っている。医療機関債の発行に対しては消費者保護の観点から、情報開示や購入対象者および勧誘方法等のルールが2013（平成25）年の「『医療機関債』発行等のガイドラインについて」の改正で追加された。前述の地域医療振興債と同様に債券として見た場合はハイリスク・ジャンクボンドとローリターンの組み合わせとなり、金融市場の原則を無視している（投資家が不利である）。経済的な合理性が見出せない。

アメリカでは、ハイリスクの債券はハイリターンであるため、そういう債券に投資する投資家（risk lover）がいる。しかし、日本の投資家は、債券格付BB以下の債券（BB以下は投資不適格のジャンクボンドになる）に対しては、投資の対象にしない。ハイリスク・ローリターンでしかも無格付の医療機関債を購入する投資家を想定するのは難しい。

３ 地域医療振興債や医療機関債の現状

▌(1)銀行保証付普通私募債の急増

病院界で地域医療振興債や医療機関債が議論されたのには、経済界で中小企業の私募普通社債の発行が急増し、2005（平成17）年には2万1,314件／3兆9,577億円の発行となっていたという時代背景がある。このうち病院の債券は7件／13億円である（筆者の把握ベース）。

資金調達において中小企業は、従来の銀行借入に加え、私募普通債発行の選択もできるようになった。これらの私募普通債には銀行の支払保証がついている。この銀行保証付普通私募債を、銀行が全額（または一部）を引き受ける（購入する）。中小企業が発行する私募債を銀行が支払保証して、その債券をその銀行が購入して資金を供給するのは、結果だけをみれば実態は融資とさほど変わらない。

資金調達を私募債発行で行うか、借入で行うかは企業が決定する。企業が私募債を選択する場合には、債券発行という直接金融での実績ができ、株式店頭上場などの将来展望が期待できる。また、銀行にとって私募債は貸付の場合のように資産（＝貸付金）を使わない。保証業務は貸借対照表の簿外記載であるので、自己資本比率を下げることなく都合がよい。

貸付の場合には銀行の利益（利鞘）は貸付年数に期間按分されて計上されるが、私募債での手数料は私募債発行・引受時に一括で計上できる（保証料は期間按分）。現在の銀行経営では当期中に利益が計上できる私募債業務は銀行本部にとっても営業店にとっても好ましい。

　以上の事由により、銀行は貸付で企業支援する従来の方法のみでなく、企業が発行する私募債に銀行支払保証をつけて、直接金融での資金調達を支援するのである。

▌（2）医療機関債の発行状況

　医療機関債の発行件数は若干である。その中では銀行1行が全額引き受けている例が多い。医療機関債の発行には、3期連続黒字の要求など財務内容が良好であることが求められる。そのような財務内容が健全な病院の場合には、発行金額にもよるが、オール・イン・コストでは銀行借入のほうが調達コスト＊は低いであろうことが想定されるので、医療機関債の発行は伸び悩んでいる。

　しかし、「医療機関債発行病院は財務内容が健全である」というアナウンス効果を目的に、医療機関債を発行した例もある。

＊　無担保病院債の場合の調達コストでは、支払金利に加え、発行事務手数料、期中事務委託料、応募者登録手数料、社債管理手数料（期中年2回）、利金支払手数料（病院債利息請求時）、元金支払手数料（元金請求時）などがかかる。病院債に銀行保証をつける場合には、加えて保証料がかかる。これらすべてのコストを加味して調達コストを考えるのがオール・イン・コストの考え方である。

❸ 社会医療法人債

1 社会医療法人債の発行基準

■（1）社会医療法人制度の創設

　自治体病院は、これまで小児救急医療やへき地医療などの地域医療サービスを担ってきた。しかし、自治体の財政収支悪化や市町村合併の伸展を背景に、役割の見直しが行われた。結果、2007（平成19）年4月施行の改正医療法にて、「社会医療法人」制度が創設され（医療法第42条の2）、2008（平成20）年度から認定が始まった。認定されると法人税や固定資産税の一部が非課税になる。2020（令和2）年1月1日時点では、314法人が社会医療法人の正式認定を受けている。

　この改正医療法により、社会医療法人は「社会医療法人債」（医療法第54条の2〜8）という公募債の発行が許可されている。民間病院は初めて公募債を出せることになった（なお、社会医療法人は社会医療法人債だけでなく、縁故債も発行できる）。

■（2）発行目的

　発行目的は「救急医療等確保事業の実施に資するため（医療法第54条の2）」である。"救急医療等確保事業"とは救急医療、災害時医療、へき地医療、周産期医療、小児医療、都道府県知事が特に必要と認める医療のことを指す。社会医療法人には高い公共性が求められ、救急医療等確保事業の実施は義務であり、また認定要件でもある。

　しかし、救急医療等確保事業とは、自治体病院が赤字の原因であるとする不採算部門であり、運営には資金投下が必要である。だが、財政収支が悪化した自治体から補助金・助成金を期待することは難しい。そこで、病院の新しい借金方法として、社会医療法人債が創設されたともいえる。

　社会医療法人になる民間病院は、自治体病院に代わって、（財政面も含めて）不採算医療分野を含む地域医療を担う責任への決意と覚悟が必要である。

　社会医療法人債は金融商品取引法（旧証券取引法）で定める有価証券である。金融商品取引法での有価証券は私募債と公募債があり、社会医療法人債は公募債である。一方、社会医療法人債以外の民間の病院債は金融商品取引法での債券ではなく、私募債にもあたらな

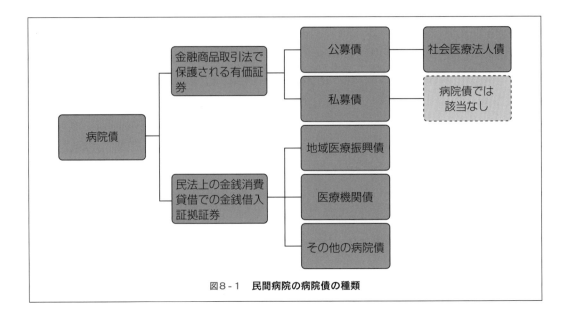

図8-1　民間病院の病院債の種類

い（図8-1）。社会医療法人債が公募債であるということは、他の病院債とはまったく性格を異にする。

2　社会医療法人債の特性

(1)公募債の性質

　地域医療振興債や医療機関債の法的性格は民法上の金銭借用証書なので、証券会社の仲介は必要ない。しかし、社会医療法人債は有価証券であり、発行や流通には証券会社を通じることになる。また、証券会社のアドバイス、ノウハウが必要である。

　社会医療法人債は公募債であり、医療法人としては初めて不特定多数の投資家にアクセスして大きな金額の資金調達ができる。一方で、不特定多数の投資家を対象に債券購入者を募集するために、監査や財務ディスクロージャー(情報開示)が要求される。また、投資家からは発行する個別の債券(社会医療法人債)への格付機関による債券格付が要求される。日本の債券市場ではBBB以上の格付でなければ、その債券を購入する投資家はいない。

　知人に購入してもらう縁故債とは違い、公募債の社会医療法人債では債券市場を無視した発行条件は提示できない。発行金額や額面金額、期間、発行価格、利率などの発行条件や水準は良識ある基準が求められる。社会医療法人債の売れ具合や流通状況は、他の社債との裁定を受けながら市場の判断に委ねられる。

（2）調達コストの発生

社会医療法人債では、証券会社手数料や債券発行に伴う費用（目論見書〈もくろみしょ〉・パンフレット製作費用、カストディ〈有価証券の保管等〉費用等）、公認会計士の監査費用、債券格付費用などの従来の病院資金調達にはなかった費用が発生する。また、病院内で管理事務を行うヒトと時間が必要になる。なお、現在では保振〈ほふり〉により社会医療法人債の券面は印刷されない。

支払金利と別に発生するこれらの調達コストの存在は、社会医療法人債の発行金額が大きくない場合には、オール・イン・コストベースでは割高な調達コストをもたらす原因にもなり、採算計算には注意が必要である（なお、病院債発行費は貸借対照表に繰延資産として計上する）。

3　社会医療法人債の運用

社会医療法人債の元本返済や借入利息は、救急医療等確保事業などからの医業収益で賄う（図8-2）。理論上は、調達コストよりも高い運用益ができなければ、資金面で病院は破綻する。はたして、社会医療法人が、救急医療等確保事業などによる事業利益率を、公募債などの借入利率よりも上回らせながら運営していくことができるのか、疑問である。

なお、社会医療法人が、地域医療振興債、医療機関債など縁故債の発行により資金調達をするのは自由である。これらの債券では、社会医療法人債とは違って格付やディスクロージャーなどの要求はないし、金利（利率）も投資家との相対で決めることができる。

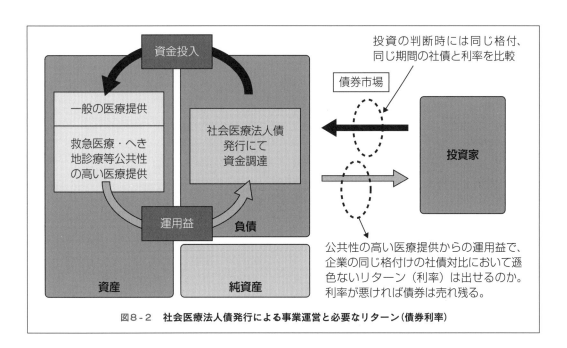

図8-2　社会医療法人債発行による事業運営と必要なリターン（債券利率）

病院債について、次の選択肢のうち誤っているものを1つ選べ。

[選択肢]

①病院債は借金の一種で、病院が直接、投資家（債券購入者）から資金調達する。

②社会医療法人債は、金融商品取引法で定める有価証券（公募債）である。

③社会医療法人債の発行に際しては、法人の監査や財務ディスクロージャー、格付機関による債券格付が必要となる。

④社会医療法人債の利率、期間といった発行条件は、債券発行者である病院が提示する。

⑤債券格付BB（ダブルビー）以下の債券は投資不適格の「ジャンクボンド」と呼ばれ、ハイリスク・ハイリターンであることから、日本の債券市場では購入する投資家を見つけることが難しい。

④

①○：選択肢の通り。

②○：選択肢の通り。

③○：選択肢の通り。

④×：公募債である社会医療法人債の利率は、病院が独自に決定できるのではなく、社債発行市場における他の社債との裁定を受けながら決定されていく。

⑤○：選択肢の通り。

第9章

エクイティ・ファイナンス　自己資本

1 エクイティ・ファイナンスとは
2 資本金、資本準備金、利益剰余金

貸借対照表

資産 (asset)	負債 (debt)
純資産 (equity)	エクイティ・ ファイナンス
簿外債権・債務	

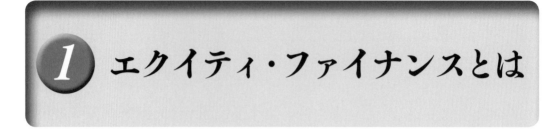

エクイティ・ファイナンスとは

1　エクイティとは

「エクイティ(equity)」とは、株主持分のことをいう。自己資本、株主資本と同意義に使われる金融用語である。

具体的には貸借対照表の「純資産の部」を指し、病院の有する正味財産を示す。

以前は「資本の部」と呼ばれており、「資産＝負債＋資本」という左右均衡の等式で説明されてきた。しかし、2006（平成18）年5月の会社法改正で、純資産は「（グロスの）資産－負債＝（ネットの）純資産」という引き算結果での思考に代わった。以前の本や文章で「資本」と書かれている箇所は今日では「純資産」となる。

純資産の部は「資本金」「資本準備金」「利益剰余金」の3つからなる（図9-1）。

2　エクイティ・ファイナンスとは

エクイティ・ファイナンスとは、一般的には、企業が株式発行によってエクイティ（株主資本）の増加をもたらす資金調達のことを指す。例えば時価発行増資、転換社債（CB）、

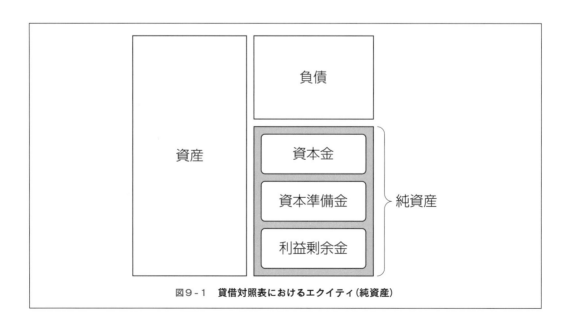

図9-1　貸借対照表におけるエクイティ（純資産）

ワラント債(WB：新株引受権付社債)等の発行などである。

　企業から見ると、エクイティ・ファイナンスは事業が続く限り返済の必要がない(返済期限の定めがない)資金調達である。自己資本を増加させることにより、財務体質も強固になる。それゆえに自己資本比率の強化につながる。

　しかし、投資家にとっては、エクイティ(純資産)に対する出資はデット(負債)の社債よりリスクが高くなる。そのため、理論上での株主の期待配当率は、社債よりも高くなるとされる。

② 資本金、資本準備金、利益剰余金

1　資本金

▍（1）資本金とは

　病院の場合、「資本金」とは出資者による「出資金」を指す。

　一方、株式会社の場合の「資本金」は設立または株式の発行に際して株主となる者が払い込み、または給付をした財産の額とされる（ただし、払い込みの全額を資本金としなくてもよい）。株式会社設立時には資本金額の登記が必要である。株式会社には当初、最低資本金の定めはなかった。しかし、1990（平成2）年から2006（平成18）年にかけて、会社法で最低資本金(1,000万円以上)が導入された。最低資本金制度は弊害も多く、2006年5月1日施行の新会社法にて廃止された。現在では、既存企業も資本金を1円にできるようになった。

2　病院への出資

▍（1）配当の問題

　株式会社は決算後の税引き前利益から最初に税金を納税し、残った税引き後利益を①株主(配当)、②役員(役員報酬)、③会社(翌期繰越金)──に3分する。その分配率を株主総会で決定する。

　病院が株式会社と違うのは、医療法第54条にて「医療法人は、剰余金の配当をしてはならない」という規定があることである。資金調達に限っていえば、この条文は病院にとっての大きな枷・くびきである。出資した資金に対して配当などのリターンがなければ（評価額が高くなった出資持分の払い戻しを除けば）、出資者は経済上の出資メリットを見出せない。

　"剰余金"以外の配当、例えば人間ドック利用券を株主優待券のように配る病院も見当たらない。経済人の行動としては、配当のない病院に出資する篤志家のような人は稀有である。病院への出資に魅力がないと、病院の出資金は増加しない。しかも企業などの営利法

人からの出資も事実上禁じられている。そのため、病院では大きな出資金の増加は期待できない。

(2)経営権、持分比率の問題

出資金が増加しないのは、配当の問題以外にも、経営権や病院資産価値の持分での要因もある。

病院の最高決定機関である社員総会での投票権は、出資額に比例するのでなく、1人1票の頭数になっている（なお、病院における「社員」とは、企業での従業員ではなく、企業での株主に相当する地位である）。既存の出資者は、株式とは違って出資額を増やしても（頭数の社員数が変化しない限り）社員総会における発言力・決定力が強化されるわけではない。そのため、増資に対するインセンティブは働かない。

病院開設当初に行った出資や今まで投入してきた経営資源は、開設後に大きくなってきた病院の含み資産の形になっている。すなわち、持分のある医療法人社団の出資者には出資持分の評価額が高くなっている。病院には株式会社の時価発行増資のシステムはなく、出資者を増やすと含み資産は現在の持分比率で配分される。比率が下がるため、既存出資者は出資者の増加を許容したがらない。相続税対策などで、親族から新たな出資者を出す時以外には、既存医療法人への新たな出資者による増資は期待できない。

医療法人設立後、病院に個人による資金投入が必要になったときには、設立当初の出資者は、今度は出資という手段ではなく、借入証書を作成しての個人貸付や、病院債の購入などの法的債権確保の方法を選ぶ。そのほうが、たとえ"無利子・無期限・あるとき払い"ではあっても、法律上での債権を確保することができる。病院への資金注入という効果は、出資と個人貸付、縁故債は同じである。したがって、病院では医療法人設立当初の出資金額は増えず、設備投資は利益剰余金と借金で賄うシステムがビルトインされているといえる。

(3)株式による資金調達方法の欠落

「医療法人は、剰余金の配当をしてはならない」という法律は、病院の資金調達の立場に限ると、病院発展への大きな桎梏といえる。株式は人類最大の発明の1つといわれることも多い（1602年、オランダの東インド会社が株式会社の嚆矢）。もしも株式での資金調達が可能であれば、病院が経営悪化しても、株主は出資した金額以上の責任（損失）は負わない（有限責任）。理事長の損失も、自分の株式出資額を有限とできる。保証金額の上限が設定されない、個人による連帯保証という重い責務も軽減できる場合もあるであろう。

3　資本準備金

▌(1)寄附

　寄附は純資産の部での「資本準備金」になる。先の出資で見たように、病院への増資が難しいとすると、病院を資金面で支援する場合は、寄附の形式になる。寄附は医療法人の社員の地位と関係がない（なお、出資がなくても社員にはなれる）。寄附は篤志が基本である。

　日本の病院は寄附金を重視していない。寄附は資金でも物でもよい。例えば台湾では救急車は寄附するもの、寄附されるものである。病院が財団を創ったり、クラウドファンディングで寄附を集めるなど、寄附に関しては、日本の病院は開拓の余地が大いにある。

▌(2)日本赤十字社の場合

　日本赤十字社は寄附による資金調達が旺盛である。寄附者には、金額によって銀色や金色の楯が授与される。また、日本赤十字社や済生会などの公益法人への寄附は、紺綬褒章（こんじゅほうしょう）の勲章授与対象になる。授与される楯や褒章を喜ぶ人もいる。日本赤十字社は寄附に対する所得税、住民税、相続税の案内や、遺言信託における遺言公正証書の書き方、お香典の寄附に伴う礼状の書き方、礼状の用意などのアドバイスも行いながら寄附募集活動をしている。

　さらに、日本赤十字社は寄附と併せて、組織活動の資金源として町内会や自治体を経由して「会員」「協力会員」から社資を集めている。日本赤十字社の「会員」とは、年額2,000円以上、「協力会員」とは年額5,000円以上2万円未満の資金協力をする個人・法人を指す。2018（平成30）年で個人会員から約171億円、法人会員から約32億円の社資を徴収している。寄附と同様、社資でも金額に応じたバッジや楯を授与している。日本赤十字社の個人会員・協力会員数は国民の1割近くに達する。乳幼児も入れて10人に1人が会員になっている。社費徴収方法は口座自動引落が主であるが、インターネット寄附、クレジットカード支払、コンビニ支払も併用している。

▌(3)地域住民の協力による医療への資金調達

　民間病院では、地域医療振興債での社会的責任投資（SRI：Socially Responsible Investment）の思想採用に見られるように、地域住民の民間病院に対する篤志を期待するようになってきている。日本赤十字社の例に見られるように、病院の資本準備金による資金調達には、検討や工夫をしていく余地がある。赤い羽根や緑の羽根の募金方法もモデルになる。病院資金調達の展開において、自己資本を増強する資本準備金はもっとも期待できる分野である。

　例えば、2010（平成22）年3月に移転オープンした名古屋の南医療生活協同組合総合病

院南生協病院（病床数313床）は土地購入費20億円を組合員からの増資で賄っている。住民との会議を毎月開き（3年半で43回、延べ5,200人が参加）病院側の視点だけでなく住民の意見と出資を病院計画に取り入れ、住民がかかわった病院をつくっている。

4 利益剰余金

民間病院経営の基本を教科書的に説明すると以下のようになる（図9-2）。

①出資金を集めて医療法人を設立する。かつては医療法人の法人設立時には、その資産総額の100分の20に相当する金額以上の自己資本（出資金）を有していなければならなかったが、2007（平成19）年の第5次医療法改正で廃止された。病院開設に際し、病床は人員配置基準、構造設備基準を満たさなければならない。出資金だけでは不足するので、銀行と福祉医療機構からの借入をする。

②先に見たように、出資金の増資は期待できない。病院を発展させていく、すなわち貸借対照表（B/S）の左側の「資産の部」を大きくするためには、ⓐ貸借対照表の右側の借金を増やして「負債の部」を大きくする、ⓑ損益計算書（P/L）で医業収益を上げ費用を抑えて「税引き後当期利益」を確保し、貸借対照表の「純資産の部」に内部留保として「利益剰余金」を積み上げていく。

図9-2は、もし税引き後利益が赤字（損失計上）の場合には純資産が減少していくことも意味する。もし損失額が前期末の純資産を上回ると純資産はマイナスとなり、債務超過になる。それは純資産をすべて売却しても負債を返済しきれない状態で極めて危険な財務状況である。

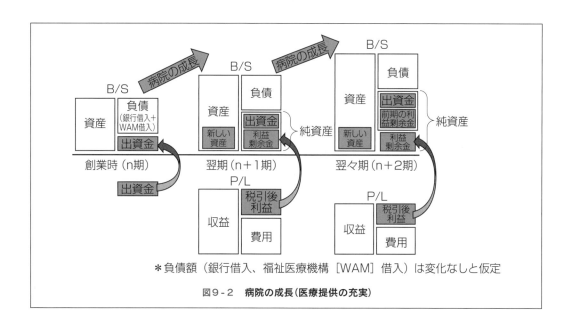

＊負債額（銀行借入、福祉医療機構［WAM］借入）は変化なしと仮定

図9-2　病院の成長（医療提供の充実）

▌(1)利益剰余金の必要性

　［(P/Lの)税引き後当期利益⇒(B/Sの)利益剰余金］は病院事業の継続、発展にとっての源泉であり、大変重要である。

　病院が医療従事者の増員や施設機器の充実によって、提供医療サービスの質の向上を目指すときには、内部留保してきた利益剰余金の蓄積も使用する。充分な利益剰余金の蓄積がない場合、病院の発展と医療の充実は借金に頼ることになる。

　しかし、銀行や福祉医療機構および病院債などの借金による資金調達は、病院が上げる利益によってしか返済はできない。したがって、借金を返済するのには、何よりも利益が必要となる。例えば、長期借入金では「税引き前利益＋減価償却」の範囲内で返済していくからである。正確には「EBITDA＝税引き前当期純利益＋支払利息－受取利息＋減価償却費」の範囲内税引き前利益が少ない病院は借入金の返済ができないため、銀行は融資をしないし、病院債の買い手もいない。病院経営が赤字では、社会は相手にしない。

　もし当期損益が赤字の場合には、今後の病院整備は難しく、資本の部の利益剰余金がゼロや債務超過の場合には、病院の存続自体が課題となる。

▌(2)"医療は非営利"の意味

　「医療法人は、剰余金の配当をしてはならない」(医療法第54条)により病院は非営利とされ、利益を事業の"目的"にはしない。しかし、利益の計上が不要ということでは決してない。多くの病院従事者がそこで「儲けることはよくない」との間違った理解をしてしまう。先述のように、自院の病院事業の存続と発展のためには利益を出すことが必要であることを、理事長をはじめとする病院勤務者は正しく認識しなければならない。特に病院は、企業のように外部からの増資に期待が持てないので、利益を内部留保するか、利益で返済していく銀行借入に頼らざるをえないのが実情である。いずれの場合にも病院を発展・展開させる際には利益を出さなければならない。

▌(3)現実の利益剰余金の姿

　現実の病院は長期借入があるために、税引き後利益の多くは利益剰余金には回らず、長期借入金の返済に充てられる(長期借入金は「税引き後利益＋減価償却費」の中から返済する)。

　そもそも病院が作成する設備投資事業計画の多くは、税引き後利益の全額を返済資金に充てており、自己資本の充実には充てていない。すなわち、内部留保への姿勢が病院には見られない(設備投資計画では投資後の貸借対照表の推移表は作成しない。したがって、図9-2で見たような事業に伴う今後の純資産の変化は把握されない)。

　医療法第54条の「医療法人は余剰金の配当をしてはならない」という条文は、医療法人

は税引き後利益の出資者への配当を禁じ(役員報酬、役員賞与支払いは可)、利益剰余金として内部留保を厚くしていくことを求めているのである。しかし、現実には純資産が増加していない病院が多い。税引き前利益が赤字(税引き前損失)だと純資産は減少してしまう。

　貸付審査を行う銀行の関心は貸付金の返済資金にあり、病院が本来あるべき姿の病院内部留保の充実度へのチェックはしない(自己資本比率[Equity Ratio]の時系列分析はしない)。税引き後利益の使途に対して銀行は返済原資への充当を最優先で考え、貸付金の早期回収を図るものである。出資金の増資も実質上不可能であることから、病院の自己資本は脆弱となる。その結果、設備投資資金を内部調達ではできないため、民間銀行と福祉医療機構からの借入での対応となる。この堂々巡りで、病院は借金体質になっていくのである。

　このように、現実には病院事業の成果(税引き後利益)を資金源にする病院事業展開はできていない。

5　病院の資金調達方法の問題点

　資金調達からの視点に限定すれば、事業が続く限り返済をしなくてよい(返済期限の定めのない)「株式による資金調達」という方法が、病院には与えられていないことも構造的課題といえる。なお、病院株によるファイナンスに関心ある場合は、拙著「病院の自己資本"病院株"の検討」、『病院』、医学書院、66巻3号、2007年を参照されたい。

問題 1 医療法人の資本金、利益剰余金等について、次の選択肢のうち正しいものを1つ選べ。

[選択肢]

①医療法人は、税引き後利益から出資者へ配当をリターンすることで出資者に報いることができる。

②出資持分がある医療法人社団の場合、病院の評価価値が上がると、出資者の持分の含み益が大きくなる。

③医療法人の最高決定機関である社員総会での投票権は、出資額に比例する。

④医療法人の社員とは、医療従事者や事務職員のことを指す。

⑤医療法人は、法人設立時に資産総額の100分の20に相当する金額以上の自己資本(出資金)を有していなければならない。

解答
1
　②

解説
1

①×：医療法第54条で「医療法人は、剰余金の配当をしてはならない」とされている。

②○：選択肢の通り。

③×：社員総会での投票権は、出資額に比例するのではなく、1人1票になっている、出資がなくても社員になることもできる。

④×：医療法人の社員とは、企業における従業員ではなく、企業での株主に相当する地位である。

⑤×：2007（平成19）年の第5次医療法改正で廃止された規定である。

第10章

アセット・ファイナンス 診療報酬債権流動化

1 アセット・ファイナンスとは
2 医業収益の回収時期
3 診療報酬債権流動化
4 診療報酬債権流動化の対象
5 診療報酬債権流動化の注意点

貸借対照表

アセット・
ファイナンス

資産
（asset）

負債
（debt）

純資産
（equity）

簿外債権・債務

① アセット・ファイナンスとは

1 「資産の部」における資金調達

　アセット・ファイナンスとは、貸借対照表の左側「資産の部」における資金調達である。貸借対照表（B/S）は、病院の決算日時点において右側の「負債の部」「純資産の部」の各項目によって調達された資金が、左側の「資産の部」の各項目で運用されていることを示す表である（41ページ図３-２参照）。したがって、資産の部は本来調達した資金の運用先を示すものであって、資金調達先を示すものではない。

　しかし、資産の売却や流動化によって、資金調達をすることができる。理論上では、資産の部に計上される科目は、すべて売却や流動化が可能である。資産の部における実務上の資産流動化は、「売掛債権」と「不動産」の２種類が対象となっている。

　病院の場合、売掛債権の大半は保険者宛請求中の診療報酬債権となり、その資金化を「診療報酬債権流動化」と呼んでいる。

　また、固定資産である不動産（建物、土地）を資産担保証券の発行にて流動化し、資金調達をする方法は「REIT」（Real Estate Investment Trust）と呼ばれる。しかし、病院における不動産流動化の取り組み例は極めて少なく、本テキストではアセット・ファイナンスを「診療報酬債券流動化」に絞って解説する。

　なお、資産の流動化や売却によって資金化しても、病院に経営体力が付くわけではない。病院が将来にわたって良質の医療サービスを提供していくためには、継続して堅実に利益を上げていく経営体制の構築が最も重要である。

医業収益の回収時期

診療報酬債権流動化の説明に先立ち、病院の医業収益の決済条件(回収時期)の解説を行う。

以下では単純化するために、患者はすべて医療保険被保険者であり、患者負担額は診療報酬の1割と仮定して説明する。現実には患者負担率は年齢、所得によって違うし、労災保険、自費診療、公費診療といった例外もある。なお、厚生労働省「平成29年度国民医療費の概況」によれば、2017(平成29)年度財源別国民医療費の構成割合は、公費38.4%、保険料49.4%、その他12.3%(うち患者負担11.6%)となっている。日本は国民皆保険であるが、すべてが保険料で賄われているわけではない。

1 診療報酬の1割(患者の自己負担分)

診療報酬の1割に当たる患者の自己負担分は患者から直接、現金にて回収する(49ページ参照)。

外来患者の場合は診療後、診察日当日に外来会計窓口で現金回収をする。入院患者の場合は10日ごとや半月ごとなど病院が定める入院費支払日、および退院日に会計窓口で現金回収をする。

2 診療報酬の9割(保険者負担分)

残り9割の診療報酬については、病院が支払基金(社会保険診療報酬支払基金)または国保連合会(国民健康保険団体連合会)を経由して医療保険の保険者に請求が行われる。

(1)支払基金(社会保険診療報酬支払基金)

①病院は毎月末ごとに月内の診療報酬を締め切り、レセプト(独:Rezept)にまとめて翌月10日までに審査支払機関である支払基金へ提出する。レセプトとは病院が保険者へ医療費を請求する明細書である。

②支払基金ではレセプトを点検し、審査委員会開催後、査定後の診療報酬を診療月の翌々月の10日までに保険者宛に請求する。

③支払基金から支払請求を受けた保険者は、診療月の翌々月20日までに支払基金に支払う。

④保険者から収納した診療報酬を、支払基金が診療月の翌々月21日〜月末までの間に病院の銀行口座に振り込む（紙レセプト請求の場合、オンライン請求または電子媒体[*1]による請求の場合の支払日は10日ほど早くなる）。

■ (2)国保連合会（国民健康保険団体連合会）

①国保連合会の場合も支払基金と同様に病院は月末に月内の診療報酬を締め切り、レセプトにまとめ、診療月の翌月10日までに国保連合会へ提出する。

②国保連合会ではレセプトの点検後、審査委員会を開催して保険者宛に診療月の翌々月20日までに請求を出す。

③国保連合会は診療月の翌々月25日までに保険者から支払診療報酬を収納し、診療月の翌々月末日までに病院の銀行口座に振り込む（紙レセプト請求の場合、オンライン請求または電子媒体による請求の場合の支払日は10日ほど早くなる）。

　9割の保険診療分の現金化は、診療日から平均2カ月半後になる。月初に行った診療の現金化は翌々月の月末近く（約3カ月間）、月末に行った診療の現金化も翌々月の月末近く（約2カ月間）である。したがって、その月に行った診療行為が現金になるまでの平均売掛期間は2カ月半となる（ファイナンスでは以上のように「平均売掛期間」という概念が出てくる）。

---

*1　レセプト請求状況
　2019（令和元）年の12月処理による支払基金および国保連合会へのレセプト請求状況は次の通り。〈医科〉オンライン69.7%、電子媒体25.7%、紙媒体4.5%。〈歯科〉同18.4%、71.2%、10.3%。〈調剤〉同97.3%、0.9%、1.8%。

③ 診療報酬債権流動化

1 診療報酬債権流動化とは

　現在、診療報酬の請求方法や売掛期間の短縮(決済条件の変更)について、病院が支払基金・国保連合会、保険者と折衝できる舞台はない。医療保険にて診療する場合には制度上、病院は診療日から平均2.5カ月間(レセプト請求日からは約50日間)の売掛期間を受容せざるを得ない(オンライン請求または電子媒体による請求の場合の支払日は10日ほど早くなる)。

　この売掛期間を短縮し、金利・手数料分を払って(受取額から差し引いて)、が早く現金を入手しようとするファイナンスが、診療報酬債権流動化*2である。早期に現金化されることで病院の資金繰りが改善する。

　診療報酬債権などの資産流動化を利用するのは、病院、診療所、調剤薬局、介護施設である。

2 診療報酬債権とは

　診療報酬債権とは、医療保険制度に従った保険診療による診察・治療提供から発生した売掛金である。保険診療による診察・治療内容やサービス量はEBM (Evidence-based Medicine：根拠に基づく医療)などで定例化されており(過剰診療阻止)、診療価格は定められた診療報酬点数で換算して支払基金や国保連合会経由で保険者に請求する。

3 良質の売掛債権

　ファイナンスでは、診療報酬債権は、堅実な回収が予定される良質の売掛債権と解釈されている。事実、病院の資産の中では、現金・預金を除くと診療報酬債権がもっとも質の高い資産である。その根拠は次の2つの点にある。

---

*2　支払基金や国保連合会でレセプト事務点検や審査中の段階にある診療報酬が法的に「債権」といえるのかは別として、ファイナンスにおいては"診療報酬債権"といわれている。なお、会計では「売掛金」で認識、把握する。

①請求金額がほぼ回収できる

レセプト請求金額は、支払基金の事務点検による返戻と審査委員会による査定減によって、若干の減額が発生したりする。しかし、病院は保険者への請求金額はほぼ全額回収することができる。これは一般企業での売掛金の性格とは大きく異なる。病院の会計にはレセプト請求に対する貸倒れ引当金の考えはない。

②支払元も堅実

支払人である保険者は市町村や企業の健康保険組合、共済組合などであり、倒産や支払遅延という決済リスクが現時点では想定されていない（財政状況は厳しいが）。診療報酬は、請求すればほぼ全額入金になる堅実な債権と捉えられている。

また、事務を代行する支払基金・国保連合会には、保険者が支払った支払医療費の１カ月分（年間の国民医療費を42.6兆円、保険者負担９割とすると約3.2兆円）が５〜10日間程度滞留する。こちらも現在、倒産リスクやオペレーショナル・リスクは想定されていない。

医療保険制度は国の５つの社会保険の１つであり、国の財政破綻懸念は診療報酬支払システムでの課題にはなっていない。

4　診療報酬債権流動化の金額

診療報酬債権流動化は、請求金額の全額ではなく、病院と金融業者との間で事前に決めた査定率（８割が多い）にて一律査定した金額をファイナンスするものである。

スキームに一律の査定率が採用されるのは、レセプト請求額に対する入金率が病院ごと、月ごとに変化するからである。もっともレセプト請求の２割も返戻、査定減があれば、病院は継続できない。

診療報酬債権流動化が対象とする診療報酬は、支払基金か国保連合会の片方だけの場合もあるし、両方の場合もある。また、介護報酬債権を流動化する場合もある。

5　その他の診療報酬債権の活用

診療報酬債権流動化ではないが、診療報酬債権を担保（譲渡担保）に活用して融資を行うデット・ファイナンス手法も普及している。また、診療報酬債権の"信託受益権"を信託銀行経由で投資家に売却して資金調達をする方法もある。

4 診療報酬債権流動化の対象

　診療報酬債権流動化の取組対象には、①支払基金内の診療報酬債権流動化、②個別病院の請求中診療報酬債権流動化、③病院グループまたは病院連合ファンド形成による流動化──がある。

1 支払基金と国連合会での診療報酬債権流動化

　支払基金と国保連合会の診療報酬債権流動化は、月の10日に病院からの支払請求を受け付けてから翌月末に支払うまでの、国の社会保険システムにおける約50日間のファイナンスを考えるものである。

　期間は短いが、仮に年間の国民医療費を2018（平成30）年度の42.6兆円、保険請求分を9割とすれば、毎回の金額は42.6兆円×9割÷12カ月＝約3.2兆円となる。これを資産担保にABS（172ページ参照）の短期債券にして、内外の金融市場で流動化し、投資家に販売する方法が考えられる。

　また、保険者からの収納後、病院へ支払うまでの滞留期間を支払基金も国保連合会も同様に5日間と仮定すれば、国全体で42.6兆円×9割×5／365日×12か月＝6.3兆円の預金平均残高の運用益が見込める（ちなみに、この金額は、2019（令和元）年12月末時点における三菱UFJ銀行の預金高153兆円の4％に相当する）。

　内外での運用益を国民医療費に充てることも考えられるし、自己負担1割・保険負担9割の介護保険についても同様に、支払基金段階の流動化が考えられる。いずれも今後のマクロの医療費での課題である。

2 病院の診療報酬債権流動化

　病院の診療報酬債権流動化のスキームは現在、①ファクタリング方式、②資産担保証券（ABS）発行方式、③運転資金貸付方式、④信託受益権売却方式──の4種類がある。以下では①と②を解説する。

　なお③は、毎月、病院が支払基金や国保連合会に対し、診療報酬の振込先を貸金業者・医療商社等の銀行口座へ変更依頼する。貸金業者・医療商社等が診療報酬の受取譲渡手続きを確認後、レセプト金額の約8割から金利・手数料を差し引いて病院に振り込むもので

ある。

　④は診療報酬債権の"信託受益権"を、信託銀行経由で投資家に売却して資金調達をする方法である。

■（1）ファクタリング方式

①ファクタリングとは

　「ファクタリング（factoring）」とは、企業や病院が売掛債権（受取手形、売掛金）をファクタリング会社に売却して資金化をし、ファクタリング会社が債権者としてその後の売掛金の回収を行う取引をいう。ファクタリング会社に売掛債権を売却する企業や病院のメリットは、1）売掛債権のオフバランス化による貸借対照表のスリム化、2）手形・売掛金の回収サイトの短縮（資金繰りの改善）、3）売掛先の倒産リスク回避である。他方、ファクタリング会社に対しては、1）買取料の支払い、2）売掛先からの譲渡承諾書が必要となる。

　診療報酬債権のファクタリングとは、病院がレセプトにて請求した診療報酬請求額（診療報酬を"売掛債権"と考える）の一部（約8割）をファクタリング会社が病院から買い取り、支払基金・国保連合会からの債権回収を行う取引である。

②病院にとってのメリット

　病院のメリットは、売掛金の回収サイトを短縮することができる。つまり、診療報酬請求額の入金日（診療月の翌々月末近傍）以前に、請求中の診療報酬債権を現金にできることである。これは資金繰りの改善にもつながる。また、売掛債権のオフバランス化（貸借対照表〈バランスシート〉から資産の一部を消し去ること）により、貸借対照表がスリム化する。このことは、銀行の債務者格付や、病院債の債券格付で行われる財務評価改善に大きく貢献する。

③取引の流れ

　具体的な取引フローは以下の通りである（図10-1）。

1）ファクタリング会社は、事前に病院の診療報酬請求額と返戻、査定減の実績などを調査し、レセプト請求金額に対する買取割合（8割前後が多い）を決める。そして、病院との間で基本契約と債権譲渡契約を交わす

2）病院は通常通り、支払基金や国保連合会にレセプトで毎月の診療報酬請求を行う。それとともに、請求金額の全額に対する債権譲渡通知書を配達証明付内容証明郵便で支払基金や国保連合会に送付する。この手続きは毎月行う

＊1　割引率とは支払基金・国保連合会の支払日で受け取る診療報酬債権の金額を取引日の金額に換算するときに使用する割合を、1年当たりの金利で示したものである。例えば平均売掛期間2.5カ月の1,000万円の診療報酬債権を割引率年10％で買い取ってもらうと、借入日（割引日）に1,000万円×（1－0.1）＝900万円の現金が入金になる。利息分はすでに先取りされている。他方、1,000万円を年率10％で2.5カ月借りると、1,000万円×0.1×2.5／12＋1,000万円≒1,021万円を2.5か月後の期日に払う。割引率はディスカウントレート（discount rate）とも呼ばれる。

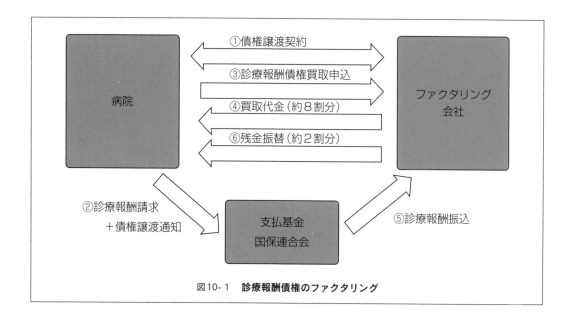

図10-1　**診療報酬債権のファクタリング**

3）上記のエビデンスをもとに、ファクタリング会社は買取金額から割引料*¹（金利）・手数料合算の買取料を差し引いた額を病院に支払う。ファクタリング会社は、この支払資金を通常は銀行借入で調達する。通常は、毎月10日のレセプト提出後、現金化に約50日かかる診療報酬請求額を病院は、レセプト請求後1週間前後で資金として使えるようになる。現金化できる金額は、［診療報酬請求額×約8割−買取料］である。このファクタリングによる病院のコストは、直接的にはファクタリング会社への買取料支払いとなる

4）支払基金・国保連合会は確定した診療報酬支払額を、病院からの債権譲渡通知に従ってファクタリング会社の銀行口座に振り込む（根拠法は民法第467条）

5）ファクタリング会社は、振込入金額から買取金額分を回収し、残金を病院に振り込む

④注意点

　ファクタリングは、毎月の診療報酬債権に対して毎回行う必要があり、事務上は煩雑なスキームである。

　また、病院はファクタリング会社の倒産リスク等の信用性に気をつけなければならない。スキーム上、診療報酬は全額がいったんはファクタリング会社の口座に振り込まれる。もしもファクタリング会社が途中で倒産した場合、債権取り立ての混乱の中で、病院が自分の取り分である診療報酬の2割分を確保できる保証はない。

　そして、割引料（金利）が高金利の場合も注意が必要である。取引銀行は、顧客（融資先）が高利に手を出すと態度が変わる。

▌(2) 資産担保証券(ABS)発行方式

①資産担保証券(ABS)とは

　ABS(Asset Backed Securities：資産担保証券)の診療報酬債権流動化スキームの特徴は、優良債権である診療報酬債権を、個別の病院経営から切り離し、証券化して資金調達することである。ABS発行方式で病院が資金調達できる金額は、月間診療報酬債権査定率(通常8割)を上限とする。

　現在では、このABS方式での診療報酬債権流動化が普及している。かつては企業が有価証券を発行して資金調達をするには、企業全体としての信用力が必要であった。しかし、1996(平成8)年の「適債基準」撤廃に続き、1998(平成10)年に資産担保証券(ABS)が(旧)証券取引法上の有価証券として認められると、企業は保有する不動産や債券といった資産やキャッシュ・フローを裏付けに債券やコマーシャルペーパー(CP：Commercial Paper)等を発行して、資金調達することが可能になった。

②取引の流れ

　具体的な取引フローは以下の通りである。図10-2と併せて参照されたい。

1) まずは、SPC(Special Purpose Company：特別目的会社)を設立する。SPCは診療報酬債権の買取業務のみを目的とした会社で、登記はするが、物理的なオフィスや社員等は持たない[*2]。郵便ポストだけのペーパーカンパニーである。病院自身がSPCを設立することはなく、ABSファイナンスのノウハウが豊富な大手銀行やノンバンクがその債権専用のSPCを設立する

2) 病院はSPCとの間で診療報酬債権譲渡契約を締結する(図10-2　①)

3) 病院は毎月のレセプト請求の際に都度、債権譲渡通知書を添付して支払基金 and/or 国保連合法に提出する(図10-2　②)。

4) SPCは多くの医療機関から譲渡された診療報酬債権を持ってファンドを組成する。ファンド金額の約8割の証券発行を行い、機関投資家に売却して診療報酬債権の買取資金を調達する。診療報酬債権流動化の証券には期間の短いコマーシャルペーパーが選ばれ、格付を取得する。コマーシャルペーパーとは、企業が短期資金調達のために発行する約束手形で、無担保、手形金額は最低1億円以上、手形サイトは2週間以上9カ月以内である(図10-2　③④⑤)。

5) 支払基金 and/or 国保連合法は診療報酬を譲渡通知書にて病院が指定したSPCの銀行口座に振り込む。SPCはその資金でコマーシャルペーパーを償還をし、残額を病院に振り込む(図10-2　⑥⑦⑧)。

＊2　SPCが買い取った資産に格付をとり、CP発行ではなくその資産を担保に銀行借入で資金調達する場合をABL(Asset Backed Lending)という。病院の資金調達では取組事例は少ない。

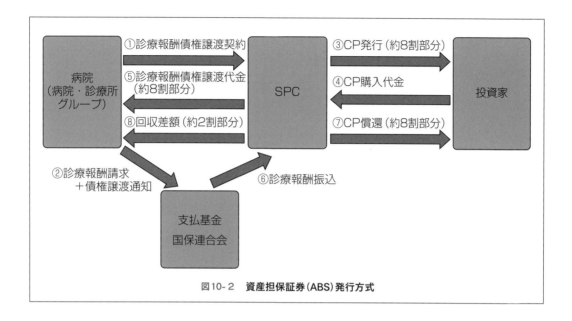

図10-2　資産担保証券（ABS）発行方式

　毎月、以上のフローが繰り返される。病院が月間に資金調達できる金額はスキーム上での査定後月間診療報酬債権（通常はその8割）が上限となり、資金調達期間は診療月の翌々月末までの短期間である。以上の資金調達スキームは診療報酬債権という資産（Asset）を裏付け（Backed）にした証券（Securities）発行であるから、ABS（Asset Backed Securities）ファイナンスとなる。

③病院にとってのメリット

　診療報酬債権流動化のスキームで発行されるコマーシャルペーパーは、個別の病院経営リスクからは完全に分離されており、金融市場での資金調達となる。コマーシャルペーパーの格付が金利水準に影響を与える。しかし、通常の金融市場状況ではコマーシャルペーパーの金利は銀行の短期プライムレートよりも低いと想定される。そのため、ABS発行プログラムへの必要手数料[3]等の勘案後でも、病院は低コストで診療報酬債権の流動化ができる可能性がある。

＊3　資産担保証券（ABS）発行の場合では銀行手数料、証券会社手数料、債券格付費用、弁護士費用、デューデリエンス費用、カストディ費用、銀行バックアップライン設定料、目論見書印刷費用、など多くの諸手数料が発生する。

⑤ 診療報酬債権流動化の注意点

1　課題①「逆選択」

▍(1) バランスシート(貸借対照表)のスリム化

　債権流動化の本来の目的は、資金調達ではなく、貸借対照表の資産残高圧縮である。これを「バランスシートのスリム化」という(図10-3)。

　会計の考え方では、「資産(asset)」は「財産(propety)」ではない。資産をたくさん持っているほうがリッチでよい会社、よい病院とは考えない。繰り返すが、貸借対照表の左側の「資産」とは、貸借対照表の右側の「負債」「純資産」で資金調達をした資金が形を変えて運用されているのである。資産は、購入して代金も払い終えて所有している「財産」と考えるのではなく、資産を持っていることは、その金額相当分の資金調達を行っており、借入利息や配当金を払い続けているし、負債での資金調達には返済も必要であると考える。資産を活用して出てきた運用益によって調達資金を返済する。負債による資金調達は、病院の運用益によってしか返済ができない。

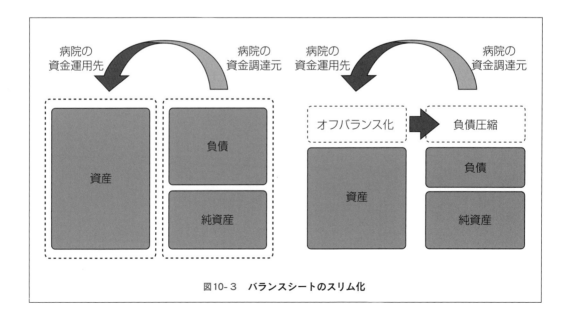

図10-3　バランスシートのスリム化

　それゆえに運用益を生まない無駄な資産を持っていると、無駄な利息を払い続けていることになる。無駄と思われる資産、例えば長期未収金、医薬品・医療材料の過剰在庫、遊休不動産などを資産残高から落とすと、無駄であった資金調達額が減り、金融コストも下がる。

　診療報酬債権は、常に月間医業収益の9割の2.5カ月分が「医業未収金」という勘定科目名で資産として計上されている。これを流動化し資産計上から落とすと（オフバランス化すると）純資産は変化しないが負債は減る。つまり借金が減る。この「バランスシートのスリム化」が、債権流動化を取り組む際の本来の目的である（図10-3）。

┃(2)スリム化のメリット

　バランスシートをスリム化すると、財務指標関連の数字が改善する。例えば自己資本比率は［(純資産／資産)×100］の算出式なので、分子の純資産（自己資本）は変わらず、分母の資産が減少すれば自己資本比率が上がる。

　現在、病院や企業の業績はROA（Return On Asset：総資産利益率）で評価される。ROAは、より少ない資産でより大きな利益をどの程度効率的に計上したかを示す指標であり、［ROA＝税引き後当期利益／資産］で計算する。「R」が税引き後当期利益で、「A」が資産である。ROA計算式の分母である「資産」を小さくすればROAが高くなる。

　ROAの高い企業は評価がよく、株価も安定する。銀行の債務者格付、社債発行時の債券格付が改善し、資金調達も資金量、コスト（低金利）の両面でより容易になる。そのため、企業は資産額を小さくする目的でバランスシートのスリム化に注力している。

┃(3)経営不振の病院における診療報酬債権流動化

　病院が、バランスシートのスリム化目的で診療報酬債権流動化に取り組んでいれば問題はない。そういう病院では、すでに適正在庫や未収金も淀みなく管理されているであろうし、診療報酬債権の流動化はより一層の収益性と効率性を促進する。

　しかし、現実の病院での取り組み例では、経営不振から銀行借入が困難になり、資金繰りに窮し、病院が追加で提供できる担保は支払基金や国保連合会に請求中の診療報酬債権しかないという限界的な状況で、最終的な資金調達手法として、診療報酬債権流動化が活用されるケースも多く見られる。端的にいえば給料の前借り状況である。

　診療報酬債権流動化が、バランスシートのスリム化によって経営効率化を目指そうという本来の目的で病院に採用されるのではなく、貸借対照表の負債をこれ以上増やすことができない病院にて取り組みがなされることを、経済学では「逆選択（Adverse Selection）」という。本来の意図とは違う対象層での取り組みになってしまうという意味である。

　診療報酬債権流動化プログラムは、こういう限界的な状況に陥った病院の本質的な経営改善には役に立たない。別途、抜本的な経営改善が必要である。

2　課題②「規模の経済」

　100床の病院の年間医業収益（外来・入院）を20億円とすると、月間医業収益は約1億7,000万円、そして、その約9割の約1億5,000万円が月間診療報酬請求額になる。300床の病院ではその3倍の約4億5,000万円である。

　一方で、証券市場にて取引されるコマーシャルペーパーの金額単位は数十億〜数百億円である。1病院から発生する月間診療報酬請求額とは桁が1つ、2つ違う。コマーシャルペーパー発行には金利以外に証券発行諸費用などがかかるため、コマーシャルペーパー発行額が小さい場合には、例えば銀行借入と比較すると資金調達コストは割高になる。

　そこでABS方式で診療報酬債権流動化を行うときには、複数の病院によるファンドを組んで、コマーシャルペーパー発行額を大きくする方法が採用されている。ファンドは、同じ病院経営グループ内で組む場合と、金融機関（損保会社）が多くの医療機関を集めてきて組成する場合とがある。診療報酬債権は、どこの病院・診療所であっても、価格（診療報酬点数）、請求方法、支払先、事務手続き、支払条件などは全国一律である（各病院・診療所によって、同じ疾病に対する診療行為は若干違うこともある）。複数の診療報酬請求はすべて同質の債権であり、ファンドに合成しても売掛債権の内容は変化しない、という特殊な性格を持っている。そのため、容易にファンドが形成できるのである。

3　課題③「資金調達の安定性」

▌（1）バックアップラインの確保

　ABS方式でのコマーシャルペーパーでは、発行時にコマーシャルペーパーなどの短期証券に投資をしようとしている投資家の存在が大前提になる。また、投資家がいてもコマーシャルペーパー発行可能性、金利等は証券発行市場に委ねられる。金融市場は、政治や金融システムの混乱から、株や為替、金利が暴騰や暴落したり、取引ができなかったり、中止になることがある。万一、コマーシャルペーパー発行による資金調達が無理な場合に備え、SPCは銀行での「バンクライン」や「バックアップライン」の設定が必要である。

　「バンクライン」は不動産担保、有価証券担保、信用保証協会保証など裏付けに融資極度が設定され、その範囲内で反復して借入ができる当座貸越形式の借入である。

　「バックアップライン」は「コミットメントライン」ともいわれ、銀行との事前契約上の要件を満たしている場合には、契約極度内で銀行が融資の義務を負う取引である。商法特例法（「株式会社の監査等に関する商法の法律」）に定める大会社（資本の額が5億円以上または最終の貸借対照表の負債の部に計上した金額の合計額が200億円以上の株式会社）に限定されている。ラインの契約極度または未使用極度に対して手数料がかかる。

▌(2)貸金業者の経営健全性への注意

　診療報酬債権を担保にして貸金業者から運転資金を借入する場合には、ファクタリング同様、取引をする貸金業者の経営健全性への注意が必要である。

　もし、貸金業者が売掛債権購入資金の手当ができない場合には、病院への入金ができない事態も考えられる。また、貸金業者が途中で倒産した場合には、譲渡、または担保に出した診療報酬債権を病院は回収できるとはいい切れない。

　それらのファイナンスが常識外の高金利での取引である場合、高利に手を出した病院は、どの銀行からも相手にされなくなるので、十分な注意を払いたい。

問題 1 診療報酬債権流動化について、次の選択肢のうち誤っているものを1つ選べ。

[選択肢]

①医療保険で診療する場合、病院は診療日から起算して平均2.5カ月間の売掛期間を受容せざるを得ない。

②金融業者から見ると、診療報酬債権は債権回収リスクが小さく、どの病院も同じパターンの内容の売掛債権であり、金融商品化が簡易である。

③ファクタリング方式では、診療報酬債権の信託受益権を信託銀行経由で投資家に売却して資金調達を行う。

④債権流動化の本来の目的は、資金調達ではなく、貸借対照表のスリム化にある。

⑤診療報酬債権を担保(譲渡担保)に活用して融資を行う手法も普及している。

確 認 問 題

解答 1 ③

解説 1

①○：選択肢の通り。オンライン請求または電子媒体による請求の場合の支払日は10日ほど早くなる。

②○：選択肢の通り。

③×：信託受益権売却方式の説明である。

④○：選択肢の通り。診療報酬債権流動化では経済学での「逆選択（Adverse Selection）」が見られる。貸借対照表のスリム化を目的とするのではなく、資金調達のラストリゾート（最後貸手。頼みの綱）になっている例が多い。

⑤○：選択肢の通り。

第11章

ヒドン・ファイナンス　ファイナンス・リース

1 ヒドン・ファイナンスとファイナンス・リース
2 ファイナンス・リース

貸借対照表

資産 (asset)	負債 (debt)
	純資産 (equity)

簿外債権・債務

ヒドン・ファイナンス

① ヒドン・ファイナンスと ファイナンス・リース

1 ヒドン・ファイナンスの種類

　本テキストでは、貸借対照表に掲載されない簿外取引による資金調達を「ヒドン・ファイナンス (hidden finane)」と名づける（ただし、本テキストでの呼び方であって一般的ではない）。

　ヒドン・ファイナンスの具体例としては、手形割引、商業手形の裏書き、リースである（資金調達ではないが、簿外取引には保証債務、デリバティブ取引など含まれる。これらは貸借対照表には計上されない取引なので、オフ・バランス取引ともいう）。

　病院のビジネススタイルは現金商いのため、手形取引は通常は行っていないし、病院が行う保証行為に対しては制限がある。

　したがって、病院で見られる主な簿外債務は、リースと、医療訴訟中賠償請求金額などの偶発債務である。なお、病院の貸借対照表に偶発債務が注記されていることは少なく、外部からはわからない。そこで"hidden（隠れた、隠された）"という単語を選んだ。

2 リースの種類

　2008（平成20）年4月、企業会計のグローバル・スタンダード化の流れによって、新しいリース会計基準・リース税制が適用された。

　このリース会計基準では、リースは「ファイナンス・リース取引」と「オペレーティング・リース取引」に二分される。

　オペレーティング・リース取引とは、ファイナンス・リース取引以外のリースを指す。オペレーティング・リース取引の会計処理は「賃貸借処理」、開示方法は「貸借対照表、損益計算書での計上なし」になる。すなわち簿外、オフ・バランス取引である。

　一方のファイナンス・リース取引は、「所有権移転ファイナンス・リース取引」と「所有権移転外ファイナンス・リース取引」に分類される。

3 ファイナンス・リース取引

　ファイナンス・リース取引は、実質的にリース物件に対する融資の性格を持っている。リース契約期間中に中途解約はできない。2008（平成20）年4月の新しいリース会計基準適用によって、従来ファイナンス・リース取引に許容されていた「賃貸借処理」は廃止され、原則として「売買処理」に統一された。そのため、借り手はリース契約の成立後、リース物品をリース資産として計上するとともに、総リース料をリース負債たるリース未払金として、両建て計上することになった。また、損益計算書には減価償却費を計上する。

　ただし、所有権移転外ファイナンス・リース取引で、1契約300万円以下の少額および短期の取引については、簡便的に賃貸借取引を行うことができる。中小企業についても、賃貸借取引での処理が可能という例外扱いがある。

　本テキストでは、病院が取り組むファイナンス・リースの計算処理は「賃貸借処理」、開示方法では「貸借対照表での計上なし」「損益計算書での減価償却費計上なし」のオフ・バランスとして説明する。

　なお、自院の個別リースにおける会計処理や開示方法については、顧問税理士に確認いただきたい。

②　ファイナンス・リース

1　病院におけるリースの活用

　リースはコーポレート・ファイナンス手法の1つとして1950年代のアメリカで開発された。リースはモノの貸借、すなわち物の融通(物融)であって、カネの貸借、すなわち金の融通(金融)ではない。しかし、設備投資においては資金調達代替手段としてリースは活用されている。

　病院における主なリース物件にはダイアライザー(透析機器)、レントゲン撮影機器、MRI、CT、PET、マンモグラフィ(乳房X線撮影装置)などの高額医療機器がある。その他にも、ベッド、リハビリテーション器具、エコー等の各種検査機器、特殊機械浴槽、医事コンピュータや電子カルテシステムなどのソフトウェア、看護師や事務員のユニフォーム、患者衣、カーテン、ベッドサイドテレビ、電話交換機、コピー機等の事務機器、パソコン、業務用自動車、ドクターヘリなどにリース利用が見られる。

2　リースの選択

　高額医療機器などの設備導入の際には、大きな購入資金が必要となる。その場合、銀行から長期借入して設備を購入し、毎月元本返済していく方法が一般的である。

　しかし、病院においては、銀行借入ではなくリースにて高額医療機器を整備することもまた一般的である。

　なぜ病院は借入でなくリースを選択しているのだろうか？　例えば、高額医療機器のMRIの購入資金を銀行から資金調達する場合を考えてみよう。ちなみに、MRIの価格は常電導(永久磁石)か超伝導(磁石を冷却して使用)かによって違うが、定価は5〜15億円で、買値は数億円(1テスラ約1億円)が相場のようだ。病院にとって高額である。

　銀行の貸付審議では、借入目的を見るだけでなく、必ず病院の財務内容や債務者格付や既存借入残高、担保の内容などを審査する。審査の結果、病院経営状態への総合的判断から、MRI購入資金へ貸付案件は不認可になることも考えられる。つまり、購入したい設備の投資採算以外の要因により、ほしい設備が入手できない場合もある。

　ところが、病院設備とは購入して保有することが目的ではなく使用して利用するものと

考えると、リースの利用でほしい設備は使用できる。設備を買うのではなく借りればよい、という結論に行き着くのである。

3 レンタルとリースの違い

　レンタルとリースはよく似ている。前述のように、リースは原則として「売買処理」になったが、以前はどちらも「賃貸借取引」であった。

　レンタルの利用者はレンタル会社が保有している在庫の中から選んだ特定の物品を借りる。契約終了後はレンタル会社に返却し、中途解約も可能である。レンタル物品は不特定多数の利用者が何度も利用し、1回の契約期間は短い（1時間単位から1年以内程度）。

　一方、リースでは、リース会社は在庫を持っていない。利用者である病院が、あらゆる物品の中から自由に希望物品を選ぶ。リース物件を利用するのは特定の1つの病院だけである。契約期間は通常3〜7年程度と長期であり、中途解約はできない。契約期間後は再リース、またはリース会社への返却になる。

　すなわち、リースとは、病院が借りたい物件を自分で選択し、リース会社がその物件を購入し、病院が長期間利用するという契約である。

　なお、レンタルもリースも物件の所有権はレンタル会社、リース会社にあり、契約期間中の物件の保守管理はレンタルではレンタル会社が、リースでは病院が行う。

4 リース取引のフロー

　病院のリースの取引フローを、MRIを例にして見てみる。
①まず病院は、自分がほしい特定のMRIを決めてメーカー名、カタログ製品番号、追加オプションの明細をリース会社に引き合いに出す
②リース会社は病院が指定したMRIに対するリース料等の条件を回答する。同時にリース会社は病院から決算書等の提出を求め、病院に対する与信審査を開始する。リース会社が行う審査の主眼は、リース期間を通じて病院事業が健全に継続運営され、病院がMRIの管理保管義務を守り、リース料の支払い遅滞をしないか、である
③リース会社内で審査が通過し、病院もリース条件に同意するとリース契約の締結となる
④リース会社はそのMRIを医療機器商社（サプライヤー）から購入し、物品代金を全額支払う。リース会社は、この資金を銀行借入にて調達する
⑤MRIはメーカーから直接病院にデリバリーされ、病院が指定する場所に据付けられる。MRIにはリース会社の所有を示すシールが貼られる。病院がリース物件を検収し"物件借受証"に記名捺印するとリース契約が発効する
⑥以降、病院はMRIを使用し、［月額リース料＋消費税］を支払っていく。MRIの保守契

約は病院(またはリース会社)とサプライヤーとの間で締結する。リース期間中の解約は原則禁止されている

⑦リース期間終了後は(10分の1程度の安いリース料での)再リース、または費用病院負担で物品をリース会社指定場所へ返却する。物件の廃棄処理はリース会社がする

5 「リース料」「月間リース料」「リース料率」という数字

(1)リース料

リース取引の対価は「リース料」である。

リース料にはリース物件の取得価格に、固定資産税、動産総合保険料、リース会社の資金調達コスト、リース会社の事務管理費、リース会社の利益が加算される。リース料には固定資産税は含まれるが減価償却費の計上はできない。

リース料は均等月払の支払いである。銀行借入のように各種バリエーションの中から支払い方法を選択することはできず、選択肢はリース期間のみである。

(2)月額リース料／リース料率

リース料をリース期間月数で割った数値が「月額リース料」である。

月額リース料は「リース料率」という表現に代えて示されることが多い。[リース料率＝月額リース料／物件価格]である。例えば、物件価格100万円につき月額リース料が5,000円の場合には"リース料率0.5％"という。

このようにリース料率はパーセントで表示されるが分子は賃貸の月間支払料金であり、金利(年利)ではないので注意が必要である。同じ物件をリースしても、リース期間の月数が変われば月額リース料は変化し、長くなれば安くなる。すると、リース料率も安くなる。

物融のリース料率は、金融の借入金利とは概念がまったく違うので、病院経営者や財務担当は注意が必要である。物件価格100万円への月額リース料5,000円を1年間払うと6万円になる。リース料率0.5％と借入金利6％のP.A(per annum：年率)はどちらが有利かという比較はできない。例えばミカン同士の品質や価格は比較できても、ミカンとオレンジジュースは別のものなので比較はできないのと同じである。リース料率とモノサシが違う借入金利の比較を行って「高い、低い」「損、得」と経営判断をすることは誤りである。

6 リースと銀行借入の違い

リースで設備導入をする場合のコストは、現金で物品購入をした場合と比べると当然高くなる。上述の通り、リース料には物件取得費に固定資産税、動産総合保険料、資金調達

コスト、事務管理費、リース会社の利益が加算されているからである。

しかし、銀行借入の資金で購入する場合と比較すると、病院にとって一概にリース料が割高とはいえない。

銀行からの借入金利はその病院の信用格付によって決定されるので、もしも病院の格付が低い場合、設備を調達するコスト（借入金利）は高くなる。また、銀行借入による物品購入では、担保登記などの銀行取引コストや、固定資産税や保険の支払事務、固定資産台帳の記帳と減価償却費の計上など、所有物品管理に伴う事務コストも発生する。

一方、上場会社とか銀行系、医療機器メーカー系のリース会社が銀行借入や社債、株式等から資金調達してくる金融コストは、民間病院の借入コストよりも低い。

また、数年に1台しか購入しない病院とは違い、営業規模が大きく、医療機器に限ってみても年間を通じて多品種・多数を購入するリース会社は、サプライヤーへの価格折衝力がある。

リースでは、病院はそれらのコスト・メリットを間接的に享受できるのである。

7　病院のメリット

例えば、病院が、CTアンギオグラフィ（血管造影撮影装置）などの何億円もする最新高額医療機器を、即時に現金や預金を引き出して購入することは難しい。しかし、病院がCTアンギオグラフィを早急に導入し、診察・治療に役立てたいと考える場合、銀行借入による購入資金調達とリース取引の2つの方法のどちらかを選択することになる。

銀行にCTアンギオグラフィ購入資金の借入（長期資金借入）を申し込むと、融資申し込み関連書類の提出とともに長期設備投資の借入への担保提供の要請がある。銀行での貸付審査はCTアンギオグラフィ購入代金の返済計画だけに留まらず、病院経営全体に対する詳細な審査が行われ、なかなか難儀である。

一方、リース会社の審査目的は、リース期間中の病院の経営健全性とリース物件の保全リスク、リース料の遅延・未払リスクにある。万一の場合にはリース会社は自社所有のリース物件の回収という手段もあり、銀行ほど与信審査は厳しくなく、債務者格付・案件格付もないことから審査も迅速である。

リースのメリットは、先述したように「事務管理の省力化・コスト削減」「コスト把握が容易」「多額の初期費用が不要」ということが挙げられる。しかし、リース取引の最大のメリットは、リース取引においては担保提供が要求されないことである。これは病院経営者や財務担当者には業務上大きなメリットである。

病院は、PETやCT、CTアンギオグラフィ、マンモグラフィなどの高額医療機器、数多くのダイアライザー（透析機器）の保有を患者にアピールする。それらがすべてリース利用の病院もある。購入資金、担保、借入枠などに余裕がない場合でも、リースでの対応がで

きる可能性は残っている。

8　リース取引の注意点

　医療機器のリース会社には金融系とメーカー系が多い。

　金融系リース会社のリース料は単純に金融コストとして理解される。リースはどのメーカーのどの機種への対応も可能であるし、医療機器以外のリースも対応できる。

　一方、メーカー系リース会社の提示リース料には、導入後の消耗品補充コスト、メンテナンス費用、メーカーの拡販戦略、他の医療機器販売、次期の機器選定などの要素も内包される。リースできる機種は当然、そのメーカーのものに限定される。このようにリース料は単純な表面料金の比較だけでは把握できない。

問題 1 病院におけるリースの活用について、次の選択肢のうち誤っているものを１つ選べ。

［選択肢］

①病院におけるリースは、主要な資金調達代替手段として、高額医療機器やコンピュータのハード、ソフトなどの調達に幅広く活用されている。

②リース会社の審査には信用格付制度がなく、主な審査項目は、リース期間中における病院の健全運営、リース物件の管理保管義務の遂行、リース料の支払い遅延がないかである。

③病院は、リース会社が保有している在庫の中から選んだ特定の物件をリースする。

④リース料率は「％」で表示されるが、金融の借入金利とはまったく別の概念であり、借入金利との比較は誤りである。

⑤病院にとってリース取引の最大のメリットは、リース会社からの担保提供の要求がないことである。

解答 1

③

解説 1

①○：選択肢の通り。

②○：選択肢の通り。

③×：リース会社は在庫を持っておらず、利用者が自由に選んできた物件を
　　　リース会社が購入し、利用者にリースする。一方、レンタルでは、利用者が
　　　レンタル会社が保有している在庫物件の中から借りる。

④○：選択肢の通り。

⑤○：選択肢の通り。

参考文献

独立行政法人福祉医療機構『2020年度医療貸付事業融資のごあんない』（福祉医療機構のホームページより）

福永肇『病院ファイナンス』、医学書院、2007年

Susan J. Penner, "Introduction to Health Care Economics & Financial Management" Lippincott Williams & Wilkins, 2004

William O. Cleverly Andrew E. Cameron "Essentials of Health Care Finance Sixth Edition" Jones and Bartlett Publishers, 2007

索　引

著者紹介

福永　肇（ふくなが　はじめ）

1955年生まれ。79年、神戸大学経済学部卒業。2002年、埼玉大学大学院経済科学研究科修了。07年、神戸大学大学院経済学研究科博士後期課程単位取得退学。1979年住友銀行に入行。82年〜84年、（財）中東経済研究所へ出向し石油経済を学ぶ。その後、国際資金部、ニューヨーク支店、国内支店にて国際金融・貿易金融・デリバティブなどのUS＄建て金融に従事。99〜02年、住友銀行（および三井住友銀行）法人業務部にて病院取引推進を担当。02年〜07年、国際医療福祉大学へ出向（企画部、国際医療福祉総合研究所助教授、医療福祉学部医療経営管理学科助教授）。09年三井住友銀行退職、09〜17年藤田保健衛生大学（現・藤田医科大学）医療科学部医療経営情報学科教授、医学部兼任教授、大学院保健学研究科兼任教授。18年〜金城大学社会福祉学部教授（現職）。主な研究テーマは、医学史、病院経営論、病院ファイナンス、海外の病院経営など。単著に『トルコ　政治と経済』（中東経済研究所）、『病院ファイナンス』（医学書院）、『日本病院史』（ピラールプレス）、共著に『中東情勢と石油の将来』（東洋経済新報社）、『医療・福祉経営管理入門』（国際医療福祉大学出版会）など内外著書・論文多数。

本書は、2010年6月10日発行の医療経営士テキスト・中級・一般講座・9巻「財務会計／資金調達（2）──資金調達」を加筆・修正及び情報を更新したものです。

医療経営士●中級【一般講座】テキスト9

病院ファイナンス──資金調達の手法と実務

2020年7月27日　初版第1刷発行

著　　　者　福永　肇
発　行　人　林　　諄
発　行　所　株式会社 日本医療企画
　　　　　　〒104-0032　東京都中央区八丁堀 3-20-5　S-GATE八丁堀
　　　　　　TEL 03-3553-2861（代）　http://www.jmp.co.jp
　　　　　　「医療経営士」専用ページ　http://www.jmp.co.jp/mm/
印　刷　所　図書印刷 株式会社

『医療経営士テキストシリーズ』全40巻

※タイトル等は一部予告なく変更する可能性がございます。